本书为国家自然科学基金青年基金项目（71803066）的最终成果

暨南经济文丛

英国货币政策、通货膨胀与股票市场

李丽芳 ◎ 著

暨南大学出版社
JINAN UNIVERSITY PRESS

中国·广州

图书在版编目（CIP）数据

英国货币政策、通货膨胀与股票市场/李丽芳著. —广州：暨南大学出版社，2021.12
（暨南经济文丛）
ISBN 978 - 7 - 5668 - 3290 - 0

Ⅰ.①英…　Ⅱ.①李…　Ⅲ.①金融—研究—英国　Ⅳ.①F835.61

中国版本图书馆 CIP 数据核字（2021）第 257160 号

英国货币政策、通货膨胀与股票市场
YINGGUO HUOBI ZHENGCE、TONGHUO PENGZHANG YU GUPIAO SHICHANG
著　者：李丽芳

出 版 人：张晋升
责任编辑：高　婷
责任校对：周海燕　林玉翠
责任印制：周一丹　郑玉婷

出版发行：暨南大学出版社（510630）
电　　话：总编室（8620）85221601
　　　　　营销部（8620）85225284　85228291　85228292　85226712
传　　真：（8620）85221583（办公室）　85223774（营销部）
网　　址：http://www.jnupress.com
排　　版：广州市天河星辰文化发展部照排中心
印　　刷：佛山市浩文彩色印刷有限公司
开　　本：787mm×1092mm　1/16
印　　张：9
字　　数：200 千
版　　次：2021 年 12 月第 1 版
印　　次：2021 年 12 月第 1 次
定　　价：32.80 元

前　言

英国作为世界第五大经济体，金融市场非常发达，首都伦敦是世界第三大证券交易市场、世界第二大保险市场、世界最大的黄金交易市场、世界最大的外汇交易市场、欧洲最大的货币市场。英国能在第二次世界大战后保持其金融领先地位，与其独特的金融体系有密切的关系，尤其是钉住通货膨胀目标的货币政策体系，让英国长期处于低通胀、稳增长的经济状态，金融市场得以蓬勃发展。

因此，鉴于英国货币政策的特色、通货膨胀的稳定状态和英国金融市场的领先地位，本书以英国为例，分析英国货币政策和通货膨胀对英国股票市场的影响。基于资料和文献的收集、整理和总结，介绍英格兰银行的货币政策体系、英国的通货膨胀历史和股票市场的发展情况，回顾货币政策和通货膨胀对股票市场影响的相关文献，运用宏观金融学和资产定价的相关理论，实证分析英国货币政策工具变量和通货膨胀对股票定价的影响，并结合英格兰银行的货币政策探讨中央银行应对金融危机的策略和建议。

本书共分 8 章，主要内容如下：

第 1 章导论，对英国的货币政策、通货膨胀和金融市场的体系进行简要介绍；

第 2 章介绍英格兰银行的历史沿革及英国的货币政策体系；

第 3 章根据英国的通货膨胀历史分析英格兰银行控制通货膨胀的措施和成效；

第 4 章介绍英国股票市场发展历史和英国股票市场现状；

第 5 章对货币政策与通货膨胀影响股票市场的文献进行回顾和总结；

第 6 章从理论上分析货币政策对股票市场的影响，构建实证模型，根据数据和变量对货币供应量的影响与利率政策对股票市场的影响进行实证分析；

第 7 章研究通货膨胀影响股票市场的理论和模型，构造变量实证分析通货膨胀对股票市场的短期和长期的影响；

第 8 章分析英格兰银行应对金融危机的对策和效果。

李丽芳

2021 年 10 月

目 录
CONTENTS

2

第1章

导　论

　　金融市场长期以来一直在考虑货币政策、通货膨胀对股票市场的作用。货币政策是一国中央银行为了实现物价稳定和国家经济增长目标而采取的影响货币和信贷供应量或流动性的操作，其通过改变投资和消费需求，对经济增长产生了根本性的影响。通货膨胀与一国货币政策紧密联系，它既是货币政策的产物，也是货币政策的决定因素，它通过影响货币的购买力来影响经济部门。由于普通股是实际资产的所有权，货币政策一方面会通过利率和货币供应量的改变来影响个人与企业投资者的投资决策，从而影响股票市场；另一方面，通货膨胀也会通过货币的购买力变化影响投资者拥有的金融资产、私人消费支出和投资决策，进而影响股票市场。不少的经验证据也表明货币政策与通货膨胀会对股票市场产生影响，以及货币政策与通货膨胀之间存在相互作用。近年来，越来越多的研究聚焦于货币政策和通货膨胀对股票收益率的影响上。在20世纪80年代至90年代，新西兰、智利、加拿大和英国等多个国家的中央银行纷纷宣布独立，这意味着中央银行取得了制定并执行货币政策的独立自主权，不受行政政策干预。全球性的中央银行独立现象影响了货币政策的制定进而影响这些国家的通货膨胀。所以，有关中央银行的独立性、货币政策与通货膨胀的关系以及两者对股票市场的影响等问题，吸引了大量经济学研究者的研究和探讨。

　　普通股作为持有公司资产的凭证，而公司的经营和价值显而易见会受货币政策和通货膨胀等宏观经济因素的影响。越来越多的实证证据表明，股票价格作为公司价值的反映，对中央银行的货币政策和通货膨胀十分敏感。相关实证分析显示，货币政策可能会对股票市场产生负面影响，但也可能是非常细微的影响甚至是没有影响。比如，一部分研究发现其影响是负面的，如Waud（1970），Cornell（1983），Pearce and Roley（1983，1985），Jensen and Johnson（1993，1995，1997），Flannery and Protopapadakis（1985），Bomfim（2003），以及Bredin等（2007）；也有一些研究认为这些影响是微不足道的（Black，1987；Goodhart and Smith，1985；Tarhan，1995；Serwa，2006）；一些研究甚至认为货币政策对股票收益的影响是不确定的，其影响主要取决于样本期（Hafer，1986；Hardouvelis，1987），不同的样本期有不同的结果。

有一些研究对货币政策与股票收益之间的负相关关系提供了解释，如 Mishkin（2007）认为在短期内收紧或放松货币政策可能会对股票价格产生负面影响，而股票价格是由未来股息的贴现值决定的。这主要是因为货币政策可以改变预期派息、贴现率或股票溢价的路径。例如，当央行使用货币政策工具来降低利率时，较低的利率会鼓励投资和消费，而这反过来又会促进经济增长，增加股票的未来红利或提高其增长率。与此同时，较低的利率将导致债券收益的下降。因此，投资者接受从投资中获得的较低回报，从而认为货币政策在短期内会对股票收益产生负面影响。

还有很多学者对股票是否如费雪（1930）所假设的那样能对冲通货膨胀风险进行研究。根据费雪的假设，预期的名义收益率应该与预期的通货膨胀相对应。因此，一般股票代表了对实际资产的权益，而实际资产的实际价值被假定为独立于商品价格水平的变化，这是为了防止通货膨胀（Bodie，1976）。然而，实证证据与费雪假设的框架相反。经验证据表明，对于通货膨胀和股票收益之间的关系，它可能是积极的、消极的或无关紧要的；或者它可能因不同的时间范围、通货膨胀的经济和制度而异。虽然有少数例外声称效果不显著（Joyce and Read，2002），但大多数研究都用事件研究方法记录了通货膨胀对股票收益的负面影响（Schwert，1981；Goodhart and Smith，1985；Pearce and Roley，1985；Cutler，et al.，1989；Amihud，1996；Adams，et al.，2004）。尤其是，在许多基于短期数据的研究中，通货膨胀与股票收益之间的相关关系是显著为负的（Bodie，1976；Fama，1981；French，et al.，1983；Osamah，2003）。还有一些研究发现，样本和不同的时间范围会对两者的关系有比较大的影响（Boudoukh and Richardson，1993；Schotman and Schweitzer，2000；Ryan，2006）。此外还发现两者的关系受货币政策制度、通货膨胀制度的影响（Kaul，1987，1990；Graham，1996；Barnes，et al.，1999）。大多数使用长期数据或长期的协整关系的研究，发现通货膨胀与股票收益之间的正相关关系（Boudoukh，et al.，1994；Anari and Kolari，2001；Luintel and Paudyal，2006）；但是有一个例外，Laopodis（2006）发现了一个弱的负相关关系。因此不少学者提供了各种理论和方法，试图解释这种关系中存在的实证结果。这包括代理假设（Fama，1981）、一般均衡模型（Danthine and Donaldson，1986）、税收效应假说（Feldstein，1980）、货币幻觉假说（Modigliani and Cohn，1979）、名义合同假说（Kessel，1956）、资本管理假说（Lintner，1975）、增税假说（Anari and Kolari，2001；Luintel and Paudyal，2006），以及代理问题假说（Jovanovic and Ueda，1998）。这一领域的文献表明，尽管股票回报对货币政策和通货膨胀的反应吸引了越来越多的研究，结果却是混合的，而且往往是相互矛盾的，但是现有文献并没有提供与经验证据相符的令人信服的理论解释。

针对这些问题，本书分析英格兰银行的货币政策体系及通货膨胀对英国股票市场的影响。首先介绍英国货币政策体系、通货膨胀情况和股票市场状况，然后对货币政策和通货膨胀影响股票市场的相关金融理论与文献进行回顾。在此基础上，本书对英国货币供给和利率对股票市场的影响进行理论与实证分析，同时对通货膨胀对英国股票市场的短期和长期的影响进行全新的比较分析。

本书的研究能解决目前货币政策和通货膨胀对股票市场的影响的一些主要问题。第一，该领域的现有文献大多数都与美国市场有关，对英国等其他国家的研究很少。第二，在与英国相关的研究中，也没有考察货币政策公告对股市回报率和股市波动的影响。第三，缺乏对通货膨胀与股票回报之间关系的研究，包括信息公告对短期关系和长期的协整关系分析的影响，以及对不同的通货膨胀时期和英国的货币政策体制相关的研究。因此本书的研究有比较大的理论意义。

此外，本书研究货币政策的公告效应、通货膨胀与股票收益之间的关系，对投资者、企业管理者和政府部门都有比较大的实践意义。

首先，对投资者来说，可以仔细观察中央银行货币政策公告，做合理的投资决策。货币政策公告对股市回报率和股市波动性均有负面影响的实证证据，意味着对股市进行短期投资的投资者，将在紧缩的货币政策中损失，但会从宽松的货币政策中获益。因此，在投资股市之前，投资者需要考虑中央银行将会采取何种货币政策，以及投资周期。

投资者可能还会对普通股是否能很好地对冲通货膨胀风险这个问题感兴趣。本书研究通货膨胀与股票收益之间的关系在不同研究周期中的差异，如在宣告效应的研究中发现短期效应，在长期效应研究中发现长期的协整关系，为投资者提供了洞察股票市场的可能。投资者通过改变股票的持有期来控制通货膨胀风险。由于在短期内，股市虽然无法对冲通货膨胀风险，但从长远来看，股市是可以对冲通货膨胀风险的，因此投资者可以把短的持有期拉长，通过长期持有股票来对冲通货膨胀风险。

其次，对企业管理者来说，通货膨胀风险是管理者需要考虑的最大风险之一。为了控制通货膨胀风险，他们需要结合公司的债务比率、工资预算、养老金计划或其他财务计划来做出决策。因此企业高管总是想知道企业的合同是否会从意料之外的通货膨胀中损失或获利，是否可以通过调整金融计划和债务结构来控制企业面临的通货膨胀风险。

最后，对政府部门来说，作为货币政策制定者，需要高度关注通过货币政策控制通货膨胀的问题，因为通货膨胀稳定对可持续产出增长和就业增长具有重要意义，最终将促进经济的稳定发展。因此合理的货币政策和通货膨胀是关乎国计民生的大事。利率和货币供应的宣告效应对股票收益产生负面影响的证据表明，利率和货币供应很可能是有效的工具，可以有效地影响短期内的股票市场。也表明在金融危机发生的时候，可以通过货币政策工具应对金融危机，降低金融危机对经济的影响。研究证据同时表明货币政策在不断变化中，例如英格兰银行的独立性和货币政策委员会（Monetary Policy Committee，MPC）的引入影响了股票市场对货币政策的反应，为货币政策决策者提供了建议。与美国不同的是，英国的央行英格兰银行（Bank of England）对通货膨胀稳定负有更多责任，因为货币政策所要求的通货膨胀目标是由英国财政大臣设定的。政策制定者可以将其政策效应与央行独立性或其他国家的货币政策效应进行对比，并重新考虑决策过程是否适合。

第 2 章

英格兰银行的历史沿革及英国的货币政策体系

2.1　英格兰银行的发展历史

英格兰银行的历史最早可以追溯到 1694 年，在 300 多年的变迁和发展中，英格兰银行的地位和职责都发生了很大的变化。作为英国金融体系的中心，目前的英格兰银行有三个宗旨：维护货币的信誉和价值；维持国内外金融体系的稳定性；确保英国金融服务的效率。

2.1.1　英格兰银行的成立

1694 年英格兰银行正式成立，主要目的是在英国战争期间为政府筹集资金，其创立初期是一家私人合股的商业银行。此后，英格兰银行于 1734 年搬入伦敦市的针线（Threadneedle）大街，1797 年詹姆斯·吉尔瑞在发布的漫画中将其称为"针线街的老妇人"，直到现在这个昵称仍然沿用。1844 年，英格兰银行在发钞方面被英国《银行特许法》赋予优于其他银行的特权，并被促使逐步向银行的银行、政府的银行转变。

英格兰银行的建立是多重因素共同作用的结果。首先，新航路开辟后，欧洲商业和经济从地中海沿岸转移到北大西洋沿岸，安特卫普、阿姆斯特丹、伦敦等地的商业贸易兴盛，对银行业务的需求大大增加，成为英格兰银行建立的经济基础。在 17 世纪相当长的时间里，金匠银行家在英国的借贷业务中处于垄断地位。金匠银行家是早期西方对银行家的称呼，金匠银行家给出的贷款利率非常高，一般在 20% ~ 30% 之间。早期银行的高利贷性质使得整个金融体系非常混乱，无法适应资本主义的发展。1609 年，阿姆斯特丹银行成立，采用了股份制的商业模式，首次突破了传统商业银行的支付体系框架，进行了划时代的货币创新和业务创新，对荷兰的金融稳定和经济发展起了巨大作用，为英格兰银行的建立提供了不少借鉴。英格兰银行成立时也确实吸收借鉴了阿姆斯特丹银行的很多金融技巧。1689 年，英法战争爆发，战争规模的扩大和时间的持续导致英国政府面临严重的资金短缺问题。当时，在英国借贷体系中金匠银行家仍旧处于支配地位，但是他们既不愿意，也没有足够的财力资助对法战争，作为最后一种选择，他们于1694年建立了英格兰银行。但是英格兰银行并非作为一家中央银行而建立，事实上，中央银行这个概念在17世纪并不存在。政府给英格兰银行特许权，英格兰银行借款120万英镑给政府，利率为8%，利息主要是由吨税、麦芽酒和其他酒类的税收以及关税作为担保，同时英格兰银行将得到4000英镑的管理费用。银行管理托付给行长、副行长和20多名董事。

2.1.2　英格兰银行国有化为中央银行

《1946年英格兰银行法》（*The 1946 Bank of England Act*）使英格兰银行正式国有化为中央银行。在该法颁布之前，英格兰银行虽然一直行使着中央银行的职能，却一直以私营企业的身份经营。《1946年英格兰银行法》正式在法律层面确立了英格兰银行从属于英国财政部的地位，这种状况一直延续到1997年。

事实上，成为中央银行的英格兰银行在1973年之前，并不具备法定的监管权力。但随着市场不断发展，银行业开始逐渐显现出业务多元化、风险复杂化的特性，仅仅依靠单纯的自我管理和道义劝导已经无法满足市场监管的需求，而1973年爆发的银行信用危机更是直接催生了《1979年银行法》的颁布。在该法案中，英格兰银行的监管权力在法律层面得到了确认，并根据区别监管的原则，对金融机构进行了划分，自此开启了全面依法监管的时代。

随后，英国1987年所颁布的《1987年银行法》对英格兰银行在伦敦最初成立的银行法形成了有效补充。同时这部法规也对商业银行的准入制度做出了一项重大修改，主要是用单一认可制度代替两级认可制度。因为在原先的两级制度下，虽然英格兰银行认可银行和特许吸收存款制度，但它们必须符合最低的法定标准，同时提高资本要求，接受英格兰银行的监督。

2.1.3　英格兰银行的独立

英格兰银行的职能在1997年发生了重要变动，主要包括被赋予自由决定利率水平的权力。1995年巴林银行的倒闭更是标志着英国的金融监管运作体系已经落后于市场发展的需求，因此为实现对金融业的全面监管，英国于1997年成立了金融服务局（Financial Services Authority，FSA），并制定相关法律法规，在颁布准则和指引等方面赋予了金融服务局较大的独立性与自由度，英格兰银行的监管职能被新创立的金融服务局接管；管理政策债务的职责被债务管理局（Debt Management Office，DMO）接管。同时，明确了英格兰银行的首要职责为制定和实施货币政策，以及从事其他中央银行业务。但英格兰银行仍对英国金融体系的总体稳定负责，在必要的时候，可充当金融机构的最后贷款人。此后，英国政府出台了《2000年金融服务和市场法》，对监管主体和被监管人的权利与义务进行了明确的划分，为金融市场监管标准的统一和规范运行做出了积极的贡献。

自2007年以来，英格兰银行主要通过紧急救助、使用新的流动性工具和银行处置机制等方法逐渐应对金融危机所带来的影响。英格兰银行在《2009年银行法》中被赋予了三项新的职能：处置倒闭的吸收存款机构、监管银行间支付系统、监管在苏格兰和北爱尔兰被允许发钞的银行。可以看出，新的治理结构安排明确了英格兰银行的金融稳定职能，主要维护和加强英国金融体系的稳定性。同时英格兰银行还成立了金融稳定委员会（Financial Stability Committee of Court），该委员会可以对英格兰银行理事会的金融稳定政策提出建议，依照《2009年银行法》行使监督与管理银行的权力。

英国政府又于2010年宣布英格兰银行拥有新的宏观审慎监管权，可以指导其他监管部门，审慎监管银行、其他存款人、主要投资机构和保险公司。

2.1.4　英格兰银行职权的扩大

英国政府于2012年12月颁布《2012年金融服务法案》（*Financial Services Act* 2012），于次年4月1日生效。该法案主要对英国金融监管体系进行了全面改革，新创立了3个独立机构，分别为金融政策委员会（Financial Policy Committee，FPC）、审慎监管局（Prudential Regulation Authority，PRA）和金融行为局（Financial Conduct Authority，FCA）。

其中金融政策委员会主要以英格兰银行理事会下设委员会的形式存在，专门负责维持金融稳定，并被赋予了强有力的宏观审慎监管权力。同时废除了之前的金融服务局，其监管职能由新成立的英格兰银行下属的审慎监管局接管。这一整合，使得宏观审慎监管与微观监管职能均集中于英格兰银行，彻底解决了职能不清和监管漏洞等问题。经过此次改革，英格兰银行的地位得到了提高，职权也相应扩大，成为集制定货币政策、宏观审慎监管、微观审慎监管等多项职能于一身的重要金融监管机构。改革后的英格兰银行发生的具体变化如下：

1. 职能的变化

《2012年金融服务法案》改变了英国的金融监管框架，对英格兰银行的职能产生了重大影响。之前负责监管金融机构的金融服务局被撤销，金融服务局的微观监管职能转由新设立的、英格兰银行下属的审慎监管局负责。审慎监管局负责监管吸收存款机构、主要投资机构和保险公司，通过制定标准，监管金融机构，最大限度地降低其对英国金融体系的负面影响，确保保险保单持有人的权益受到合理保护。

英格兰银行将继续维护金融稳定，法定目标是维护和加强英国金融体系稳定。为实现这一目标，2013 年金融政策委员会正式成立（2011 年金融政策委员会以非正式形式存在）。金融政策委员会负责宏观审慎监管，主要职能是识别、监测和采取措施降低金融体系的系统性风险。

对破产机构的安排发生了变化。尤其是《2012 年金融服务法案》修订了2009 年为银行制定的特别处置机制（Special Resolution Regime）。法案生效后，英格兰银行和财政部有权处置破产机构，以维护金融体系稳定和公共资金安全。

金融危机管理安排方面也产生了变化。尤其当公共资金出现实质风险时，英格兰银行行长有一定义务通知财政部部长。财政部部长也有一项新的权力，即金融体系出现重大威胁时，可以指导英格兰银行为相关机构提供金融支持，或行使稳定权力。新的英格兰银行和财政部备忘录明确了各部门在金融危机管理安排中的职能分工。

《2012 年金融服务法案》赋予英格兰银行监管中央交易对手（Central Counterparties）、证券结算系统（Securities Settlement Systems）的权力，同时英格兰银行仍继续肩负对支付体系的监管职能。鉴于金融市场基础设施（FMIs）对金融稳定的重要性，该法案赋予英格兰银行监管金融市场基础设施的权力。英格兰银行和国际上包括 G20 在内的其他监管机构鼓励市场参与者更多地使用金融市场基础设施，因为通过改善对手信用和减少操作风险，金融市场基础设施可以稳定市场和金融体系。这也会扩大金融市场基础设施的规模和提高其在全球金融体系中，尤其是在中央交易对手中的重要性。

英格兰银行对金融市场基础设施的监管是为了维护金融体系稳定，提高主要服务的可持续性，防止出现系统性破坏和对公共资金的安全产生影响。金融政策委员会有降低英国金融体系风险的职能，在监管支付体系、清算银行和结算系统方面，金融政策委员会可以向英格兰银行提出建议。

英格兰银行监管金融市场基础设施是基于国际支付结算体系委员会—国际证监会组织（CPSS-IOSCO）发布的《金融市场基础设施原则》，其职责包括信用风险、流动性风险、操作风险、法律风险和治理风险管理，违约管理，透明度管理。重要的是，《2012 年金融服务法案》赋予英格兰银行处置和恢复中央交易对手的权力。该法案指定了处置机制，这样英格兰银行便成为中央交易对手的处置机构。目前欧洲处置机制立法草案还不适用于金融市场基础设施。但 2012 年末，欧盟委员会发布了恢复和处置非银行金融体系框架的征求意见稿。

英格兰银行每年要报告监管金融市场基础设施的情况，并建立了相关投诉机制（Complaints Scheme），拥有独立的投诉专员。财政部有指导英格兰银行监管中央交易对手或支付体系的权力，以达到联盟或者国际标准，还可要求调查监管失误。

2. 治理结构的变化

英格兰银行的职能扩大，需要有效的治理安排以确保其高效透明地履行职能。主要的治理安排包括理事会（The Court of Directors）和监督委员会（Oversight Committee）。

（1）理事会

理事会成立于 1694 年，当时的成员包括 1 位行长、1 位副行长和 24 位理事。1946 年，英格兰银行国有化，根据《1946 年英格兰银行法》，理事会成员由 26 位缩减到 18 位，包括 1 位行长、1 位副行长和 16 位理事，其中 4 位为执行董事。执行董事由英格兰银行内部员工担任。理事的任期为 4 年，行长的任期为 5 年。随着英格兰银行职能的变化，理事会成员逐渐减少，职能也随之变化。《2012 年金融服务法案》生效后，理事会的成员及职责如下：理事会成员由英国王室任命，包括英格兰银行行长、分管金融稳定的副行长、分管货币政策的副行长、审慎监管局的副行长、不多于 9 名的非执行理事。其中一名执行理事由财政部部长指定。

理事会的职责是负责英格兰银行事务的管理，包括确定英格兰银行的目标和战略，确保英格兰银行有效发挥其职能和充分利用其资源。英格兰银行有一项新的规定：理事会必须公布每次会议记录，内容包括理事会制定的决议、决议理由的摘要。

理事会将英格兰银行的日常管理授权给英格兰银行行长，而以下几个方面由理事会亲自负责：制定英格兰银行的战略和目标；制定风险管理政策；任命银行高管；薪酬和养老金安排的变化；理事会分委员会（Sub-committee of Court）的成立。

（2）监督委员会

新成立的监督委员会是理事会的分委会，包括理事会非执行理事，取代了原有的非执行理事会（Non-executive Directors Committee）。监督委员会负责审查英格兰银行的目标和战略的执行情况；监督英格兰银行货币政策目标和金融政策目标的实现，包括货币政策委员会和金融政策委员会职能的履行。

除了审查英格兰银行的议事程序、使用的信息和执行政策情况之外，监督委员会（包括外部专家在内）还有权对英格兰银行做出评估建议，在不影响公众利益的情况下，监督委员会将公布评估建议，并监测英格兰银行做出的反应。如果英格兰银行接受评估建议，那么监督委员会将监测其执行情况，确保评估建议得到实施。监督委员会成员可参加货币政策委员会和金融政策委员会的会议并参与讨论，监督委员会主席由理事会主席担任。英格兰银行年报将包括监督委员会所作的关于英格兰银行履职的报告。

英格兰银行行长的任期也发生了变化，《2012 年金融服务法案》的补充条款指出，英格兰银行行长的任期为 8 年，且仅限任一届（之前任期为 5 年，最多连任两届）。副行长任期为 5 年，最多连任两届。

3. 法定决策机构的变化

2013 年 4 月，出于微观审慎监管和宏观审慎监管的需要，英国分别成立了审慎管理局委员会（PRA Board）和金融政策委员会两个新的法定决策机构。而制定货币政策和对流动性进行管理的职责，则继续由原本的决策机构货币政策委员会负责。

2.2　英国的货币政策体系

2.2.1　英国货币政策的历史

20 世纪 80 年代以前，由于英国的金融体系实行严格的分业经营、分业监管政策，使得英国各类金融机构之间几乎不存在竞争。在当时的条件下，只有银行可以提供专门的银行业服务，住房融资服务也被住房抵押贷款互助会垄断。自 20 世纪 80 年代开始，英国取消金融分业经营限制，大力推进金融服务自由化的改革之路，实现了从分业经营到混业经营和一体化监管的转变。

1. 利率市场化改革

英格兰银行于 1971 年 5 月公布了《竞争与信用管制》报告，计划通过自由竞争促进金融机构提升经营效率，同时达到抑制国际短期资本过度流入和维持英镑币制稳定的目的。报告的主要内容是提出新的金融改革方案，并于同年 9 月开始正式实施。改革最核心的一项内容就是废除银行间利率协议并转向利率市场化，但令人惋惜的是，改革施行不过两年，英国就因面对经济衰退和通胀高涨的压力，不得不再次下场干涉利率。1973 年 9 月起，根据英国财政大臣的要求，英国的银行不被允许向 1 万英镑以下的存款支付超过 9.5% 的利息，这种限制持续了一年多，一直到 1975 年 2 月才宣告结束。而国际金融交易的自由化则是在 1979 年才伴随着对外汇管制的取消而到来。两年后的 1981 年，英格兰银行宣布废除最低贷款利率，英国完全实现了利率自由化。

2. 金融业改革

随着利率市场化改革逐渐深入，英国也同步开启了以金融服务自由化为核心的新一轮改革。1980 年，国家对银行贷款控制的取消带来了新的发展趋势，银行的业务范围迅速拓展至住房融资领域，由此引发了银行和住房抵押贷款互助会之间的竞争。此后出台的《1986 年住房抵押贷款互助会法》更是进一步放松了对住房抵押贷款互助会的限制，使其和银行之间的竞争态势更加激烈。此外，英国还在接下来的两年内接连颁布了《1986 年金融服务法》和《1987 年银行法》两部法案，英国的金融服务自由化程度得到进一步提高。自此以后，证券、保险、信托等领域也纷纷成为商业银行拓展新业务的目标。

从整体来看，英国的金融体系在这一时期发生了结构性的变化，金融机构间竞争被加强，金融机构从分业经营模式逐步转变为混业经营模式，金融创新层出不穷，银行收入多元化，直接融资工具获得了较快发展，其具体表现有：

首先，随着新兴技术和金融服务的不断分割与发展，零售金融市场的进入门槛不断降低，市场的竞争程度也开始不断攀升。例如，20 世纪 80 年代末的抵押贷款市场就因市场参与者的不断增加，竞争变得越发激烈。此外，类似的情况在 20 世纪 90 年代中期的零售银行业也有发生。

其次，很多投资机构都在这一时期得到了较快发展，如养老基金、人寿保险公司和信托公司等，有一部分机构的发展增速甚至超过了银行和住房抵押贷款互助会。与此同时，随着各类金融机构的规模逐渐扩大，公司通过市场融资获取资金的需求也一再扩张，表外业务开始占据越来越重要的位置，银行收入的结构也因此呈现多元化特征。此外，得益于国家针对养老基金储蓄制定的税收优惠政策，市场上的养老基金以及人寿保险公司资产也迎来了快速发展的窗口。

最后，金融创新势不可挡。在金融业改革时期，除金融市场外，英国的各类金融工具和技术也迎来了创新发展的大浪潮，其中最具有代表性的就是金融衍生品和资产证券化的快速发展。其中，金融期货、期权、互换等金融衍生品的出现，为金融机构开展财务管理、套期保值等业务提供了新的思路和选择。

3. 金融"大爆炸"

1986 年，股票市场在交易安排方面出现了被称为金融"大爆炸"（Big Bang）的一系列变革。金融"大爆炸"指伦敦证券交易所于 1986 年 10 月 27 日宣布在技术层面和规章制度层面对伦敦证券市场进行的具有深远意义的大变革。"大爆炸"的主要内容如下：第一，扩大证券交易所会员的范围到本国和外国银行、保险公司以及证券公司，同时许可证券交易所以外的银行或保险公司，甚至外国公司百分之百地持有证券交易所会员公司的股票；第二，原来实行的"单一资格"被"双重资格"代替，证券交易所会员公司可以拥有证券交易所和证券经纪商的双重身份与双重职能；第三，借鉴纽约证券交易所的经验，废除最低固定佣金制，采用自由议定佣金制度。

金融"大爆炸"为英国经济的蓬勃发展带来了巨大的契机，其具体实施措施如下：

伦敦证券交易所通过启用自动报价系统 SEAQ（Stock Exchange Automated Quotation）以及国际自动报价系统 SEAQI（SEAQ - International），实现了与纽约证券交易所和东京证券交易所的网络联动，进而实现了 24 小时全球性的证券交易。随后，英国证券交易所协会修改了本国证券市场的上市规则，允许外国公司在英国申请上市。

对国债市场进行改革，不再实行交易商与经纪商分离制度，扩大了国债做市商（GEMMs）的范围，现场喊价交易也被全新的屏幕交易制度取代。事实上，以上改革政策的推行使英格兰银行通过政府经纪商国债市场操作达成特定目标成为可能。在实际操作过程中，国债市场操作的灵活运用有助于拓宽市场广度，营造一个高流动性、竞争性的市场来满足政府的融资需求，最终实现在必要时协助控制货币供应量的政策要求。其中最典型的例子就是通过出售国债减慢货币供应的增长速度。

出台《1986 年金融服务法》，解决了证券投资局在对金融市场和金融服务业进行监管时缺少法律依据的问题。但令人遗憾的是，证券投资局不具有对违规机构进行直接处罚的权力，作为主要通过证券业的自律机构对证券市场进行管理的监管者，证券投资局的处罚手段仅限于取缔不服从管理的自律机构。随后，英国又于 1987 年成立严重欺诈案办公室（SFO），此举显著加强了对金融犯罪的调查和处理力度，是英国金融领域法律体系得到完善的又一大标志。

伦敦证券交易所和国际证券监管组织（ISRO）于 1986 年 11 月进行合并重组，将原来的伦敦证券交易所改组为伦敦国际证券交易所，并成立了新的证券业自律性组织。

4. 存款保险制度的建立

得益于 1971 年以来的各项改革，英国金融市场的分业经营壁垒被打破了，在吸收资金领域具有天然优势的商业银行开始进一步扩张自己的业务领域。但值得注意的是，在当时的市场上，一些中小银行为了追逐利润，盲目增加对不动产业的投资和贷款。这些活动进一步导致了 1973 年下半年通货膨胀的加剧，从而引致市场利率急剧攀升，房地产业也由于房租冻结、较高的所得税和经济不景气而坠入低谷，使得一些银行坏账增加，并发生客户挤提事件。流动性紧张使大量企业面临资金链断裂的巨大压力，纷纷宣布破产，最终引发了"二级银行危机"（Secondary Banking Crisis）。在存款保险制度还未建立的当时，为了避免危机的影响进一步扩大，英格兰银行通过与票据交换所会员银行合作，提供了高达 1 亿英镑的流动性支持，为 26 家处于危机中的银行进行了救济性融资。

在反思这次危机的基础上，英国政府吸取教训，出资建立了存款保险机构，并强制要求所有存款性金融机构必须按照吸收存款的数额，以累进制比率缴纳存款保险。其中，不同类型的机构所需缴纳的费率完全统一，最高比率为 3%。强制投保制度的推出虽然牺牲了金融机构自由选择是否投保的权利，但是对保护存款人的利益具有重大意义。

5. 金融自由化推动监管体系变革

随着英国金融自由化改革的逐步推进，金融市场的混业经营体制也在不断深化，日益复杂的市场变化对英国的监管体系提出了巨大的挑战。次贷危机后，英国政府开始重视对系统性金融风险的管控，英格兰银行开始在整个监管体系中承担更多责任，原有的监管框架得到了集中和强化。

2.2.2　英国货币政策的施行框架

根据《1998 年英格兰银行法》，英格兰银行的货币政策目标是保持价格稳定，以此支持政府经济目标，包括经济增长和就业。货币政策操作目标是调控通货膨胀率，由消费者物价指数（CPI）来表示。政府制定的通货膨胀目标每年由财政部部长在预算报告中发布，《1998 年英格兰银行法》赋予英格兰银行独立指定利率的权力，这意味着英格兰银行可自由选择其认为适宜于经济状况的利率水平，以实现政府制定的通货膨胀目标。英格兰银行对国会和公众负责。立法明确在特定的情况下，在有限时期内，政府有权力指示英格兰银行设立利率政策。

每当通货膨胀低于或者高于通货膨胀目标一个百分点，英格兰银行行长和货币政策委员会需要公开致函财政大臣，解释通货膨胀不达标的原因。该信函还需包括英格兰银行将采取的补救办法及通货膨胀何时才能恢复至目标水平等内容。下面是 2016 年 12 月 15 日英格兰银行行长给财政大臣的公开信：

11 月 15 日，查阅公开数据可得，十月份消费者物价指数（CPI）十二个月通货膨胀率为 0.9%。根据货币政策委员会（MPC）的政策豁免要求，这封信将与委员会 12 月份政策会议的会议记录一起公布。

解决以下问题：

通货膨胀已经偏离目标的原因以及通货膨胀前景。

货币政策委员会认为通货膨胀回到目标的合适界限。

货币政策委员会采取的相关对策。

这种做法如何符合政府的货币政策目标？

为什么通货膨胀率远离2%的目标？

10月份时，一年的CPI通货膨胀率为0.9%，低于目标2%1.1个百分点。过去两年低于目标通货膨胀率的根本原因是：商品价格急剧下跌，英镑早些时候升值，以及国内成本增长缓慢。

10月份通货膨胀偏离目标的大约五分之三是由食品和能源价格产生，食品和非酒精饮料价格下跌对通货膨胀率偏离目标的影响最为重要。这反过来又反映了2013—2015年，相关商品的世界价格下跌和英镑升值，以及食品零售商之间持续激烈的竞争。另外，能源价格下降仍然是通货膨胀率偏离目标的部分原因。

尽管进口商品和服务的通货膨胀率已经被抑制了一段时间，但自英国脱离欧盟英镑贬值10%后，它们的价格已经开始上涨。10月，汽油和柴油的价格比6月高出3%，而按CPI计算的家庭煤气和电力价格则高出0.6%。

部分由于这些增长，总体通货膨胀的更高频率估计已经开始回升。6月份，按年度和季节调整，价格水平比3个月前上涨了0.8%。到10月的3个月里，这个数字上升到了1.5%。算起来，更高的3个月通货膨胀率将会导致12个月的CPI通货膨胀率回升。事实上，12月13日，根据公开数据显示，截至11月份的12个月里，CPI通货膨胀率为1.2%。

CPI通货膨胀前景

我将参考MPC在11月份的通货膨胀报告中的预测来描述通货膨胀的前景。在这些预测中，预计12个月的CPI通货膨胀率在今年年初将达到1.5%左右，到2018年中期将进一步上升至2%左右。此后，预计通货膨胀率将在2019年逐渐回落，三年内达到2.5%，随后回落至接近目标水平。

预计通货膨胀率将主要由于两个因素而增加。

第一，如上所述，过去12个月的全球能源价格下跌，加上近期全球能源价格上涨，特别是以英镑计算，综合影响有望在未来几个月推高燃料价格。

第二，英镑贬值预期会提高贸易商品和服务的价格。进口成本增长的程度和速度传导到最终消费价格存在不确定性。鉴于英镑下滑的幅度以及与供给前景疲软的联系，CPI通货膨胀可能会相对活跃。

与此同时，国内成本压力预计在近期仍将保持温和，尤其是薪资增长。薪资增长在多大程度上会随着通货膨胀而上升，以及在多大程度上继续受制于生产力的增长，这一点仍有待观察。《11月通货膨胀报告》预测中所描述的需求增长疲软可能影响疲软幅度，也可能对确定薪资前景至关重要。

自11月的报告以来，英镑的贸易加权汇率已经升值了5%以上。通货膨胀率略低于 11 月预期的可能性更大。尽管如此，汇率仍然大大低于近年来的水平，因此，在 2017 年晚些时候和 2018 年之前，通货膨胀率仍有可能超过目标。

在什么范围内恰当地使通货膨胀率回到目标？在通货膨胀和产出变异方面，又做了怎样的权衡？

MPC 的政策豁免明确表示，通货膨胀率目标是对称的，而且适用于任何时候。但豁免政策认识到，由于经济冲击，通货膨胀率有时会偏离目标。

这些因素通常会使通货膨胀率远离目标。在这种情况下，由于货币政策对经济的影响存在时滞，因此在短时间内使通货膨胀率回归目标是不可行的。货币政策对通货膨胀的高峰效应一般估计会在 12 个月到 24 个月之间出现滞后。此外，试图将通货膨胀率迅速推回到目标可能会导致不良的产出波动。

豁免政策也承认，在特殊情况下，对经济的冲击可能特别大，或者冲击的影响可能持续很长一段时间。在这种情况下，MPC 很可能面临一个更为重大的权衡，即其目标是将通货膨胀率可持续地推回到目标，并考虑产出的变动。在形成和传达其判断时，豁免政策要求 MPC 解释它所面临的货币政策权衡，包括 MPC 认为适当地将通货膨胀率推回到目标的界限。

通货膨胀率到目标的适当范围取决于这种权衡的严重程度，而这又取决于潜在干扰的性质和持续性。

自英国投票离开欧盟以来，以通货膨胀为代价的力量平衡，以及 MPC 所面临的平衡，发生了显著的变化。这反映了投票离开欧盟对需求、供给和汇率的影响。

一方面，由于英国未来与欧盟的关系存在不确定性，预计经济增长将有所减弱，失业率将缓慢上升。另一方面，由于全民投票以来英镑贬值以及供给处于较为温和的增长期，通货膨胀率预计将在长时间高于目标。

根据这些因素，MPC 预计通货膨胀率将在 6 个月内达到目标。然而，鉴于这些影响的持续存在，MPC 预计此后的第二年和第三年实际通货膨胀率将高于目标通货膨胀率一段时期，主要是由于进口价格压力，该时期的经济运行能力不足，这将影响国内成本。

完全抵消英镑贬值对 CPI 通货膨胀的持续影响，需要对包括工资在内的国内成本压力进一步下调，因此会涉及产出损失和失业率上升。MPC 认为，这样的结果是不可取的。与豁免政策一致，制定政策以使通货膨胀率在比通常的 18～24 个月更长的时间内恢复目标是适当的。在这样做的过程中，MPC 的目标是确保需求增长足以吸收一段时间的剩余产能，从而使通货膨胀率以可持续的方式回到目标水平。

值得注意的是，能够被容忍的通货膨胀率高于目标的程度取决于许多因素。例如，引起通货膨胀超调的实际原因，通货膨胀对国内成本的第二轮影响的程度，经济活动水平低于潜在产出的程度以及通货膨胀预期的演变。直到最近，中期的通货膨胀率预期仍略低于其过去的平均水平，反映出一个低于目标通货膨胀率的时期。MPC 继续密切监测这些期望的演变。

委员会正在采取的政策行动

8 月份，MPC 宣布将采取一系列措施支持经济增长。其中包括：将下调银行利率至 0.25%，调整幅度为 25 个基点；发起一项新的长期融资计划（TFS），瞄准加强银行利率下调的传导；发行 100 亿英镑的非金融投资级公司债券，发行对象为对英国实体经济具有重大贡献的公司；600 亿英镑的扩大政府债券资产购买计划，购买总额预计将达到 4350 亿英镑。这些措施已经成功缓解了英国家庭和企业面临的借贷危机。MPC 在 11 月份的会议上重申对这一系列计划的承诺。

MPC 在 12 月份的会议上一致同意，银行利率应保持在目前的水平。它还一致同意继续执行先前宣布的资产购买计划，这些方案由中央银行准备金的发放提供资金。

MPC 在今年早些时候指出，欧盟成员国公民投票后的货币政策路径将取决于需求、供给、汇率和通货膨胀前景的演变。情况依然如此，货币政策可以在任何方向上响应经济前景的变化，以确保通货膨胀率持续回升到 2% 的目标。

MPC 承诺采取一切必要的措施，保证通货膨胀率预期保持稳定，并以可持续的方式在适当的时间内回到目标水平。

这种方式如何符合政府的货币政策目标？

MPC 的目标是保持价格稳定，并在此基础上支持英国政府的经济政策，包括增长和就业的目标。价格稳定是经济繁荣的基本前提。MPC 正在平衡它预期会出现的经济疲软的幅度和短暂的高于目标的通货膨胀率，并且这样做是为了按照豁免政策以可持续的方式使通货膨胀率回到目标水平。

英国是一个高度灵活、充满活力的经济体。这些特点将有助于它走向一个新的平衡点，因为它与欧盟未来的关系将变得清晰，与世界其他地区出现许多新的机会。进入新的均衡所需的许多调整本质上是天生的，而不是货币政策制定者的恩赐。尽管如此，货币政策仍然可以通过恰当地平衡推动通货膨胀率高于目标与推动经济活动低于潜在产出新路径的力量，从而平滑地进行部分调整。

通过这种方式促进价格稳定，MPC 正在支持英国经济的必要调整。MPC 与金融政策委员会和审慎监管局协调行动，加强了 MPC 的贡献，以防范金融体系中的任何意外后果。

以这种方式，英国央行正在推动强劲的、可持续的、均衡的增长，从而为英国的经济表现做出最有效的贡献。

需要指出的是，低于通货膨胀目标的通货膨胀水平也被看成政策的失败，原因是英格兰银行追求的是政府的通货膨胀目标而不是自己的目标。但是，通货膨胀目标并不意味着通货膨胀率必须一直维持在这个水平，这是不可能的，因为利率是不断变化的。货币政策委员会的目标是设定利率，使通货膨胀在合理时间内围绕设定目标上下波动，避免引起经济的不稳定波动。

作为货币市场的管理者，英格兰银行的工作涉及多方面的协调，在执行由货币政策委员会做出的利率决定的同时，必须保证市场上的流动性需求得到满足，并为银行业的运行和发展提供一个稳定的环境。

1. 货币政策委员会

1997年5月6日，英国财政大臣宣布英国工党政府将对英国金融监管体系进行重大改革，并将制定官方利率的权力移交至英格兰银行手中。自此以后，由英格兰银行独立制定和实施货币政策，并在法律上对制定英国官方利率负责，在当时主要实行的是钉住通货膨胀目标的货币政策。随后，1998年6月1日颁布的《1998年英格兰银行法》决定由货币政策委员会具体决定英国的官方利率。

货币政策委员会共由9人构成，其中5人来自英格兰银行，包括1位行长、2位负责金融市场操作和维护金融市场稳定的副行长、2位执行董事，其余4人是由财政大臣指定的在货币政策、区域经济等方面有深入研究的专家。财政部并不在委员会内拥有投票席位，但可以派遣一位成员旁听。委员会会议每月召开一次，定期召开会议有利于委员会根据市场的最新动向调整目标利率水平，委员会成员需要考虑的内容包括国内外经济形势的变化、价格水平的变动和金融市场货币及资产价格的动向等。会议决议采取投票表决制，但若出现票数相等的情形，英格兰银行具有最终决定权。

2. 英格兰银行的货币政策目标与实施特征

在1992年之前，英格兰银行一直实行钉住汇率制度的货币政策目标，随后发生的英镑危机，促使英格兰银行废除该种体制，货币政策目标由钉住汇率转为钉住通货膨胀率，并一直沿用至今。以通货膨胀率作为货币政策目标，能够向民众传达政府正在有规划地维持宏观经济稳定这一信号。目前，政府制定的通货膨胀目标约为2%。

此外，通过公开市场操作来调节管理市场利率，还需要具备一些基础条件：

第一，市场可以部分决定利率水平。中央银行对官方利率的调节需要传导机制，只有当市场对利率水平至少具有部分决定作用时，利率的调节才能从市场传导至金融机构，进而影响资金与资产的价格，对实体经济产生作用。

第二，金融市场应该在一定程度上保持活跃度。金融市场不一定需要十分完善，但一定的活跃度是必须的，要通过供求关系来决定资产价格。

第三，金融市场安全、稳健。经济主体的投融资活动需要以稳健、安全的金融市场为保障。稳健性和安全性具有较深的内涵，主要可以表现为：监管体系、法律体系健全；具有一定数量的成熟市场参与者；市场基础设施健全；支付清算体系安全稳健；价格形成机制公开透明；等等。具备以上条件后，中央银行通过公开市场操作调控利率以实现货币政策目标的路径才能得到保障。

英格兰银行在货币政策实行过程中显现的主要特征有：

第一，要求银行体系实行紧银根政策，迫使市场参与者通过英格兰银行获取流动性。在英国，英格兰银行对银行系统实行零准备金政策，要求各大银行在英格兰银行账户上的余额不得为负，并且每日进行考核，而非采用平均计算的方法。所以在大多数情况下，银行都处于银根紧缺的状态。如果银行透支，就要对它罚以较高的利息，这也是英格兰银行实行货币政策、影响市场利率的重要基础。

第二，在进行公开市场操作时，英格兰银行非常注重风险的管控。传统的公开市场交易以短期逆回购和直接购买证券为主，作为标的的证券必须是交易市场活跃、供给充足且信用风险较低的品种。

第三，英格兰银行在进行公开市场操作时，对交易商的技术水平、市场活跃度等方面具有一定要求。为保证公开市场操作的有效性和广泛性，英格兰银行会从不同领域挑选技术水平达标、交易活跃度较高的机构作为交易对象。目前，公开市场操作的交易商主要有 17 家，分别包括银行、证券公司、基金公司等。

第四，英格兰银行的公开市场操作交易频繁、流程规范。在每个交易日内，英格兰银行会开展四次公开市场操作。其中，上午 9：45 和下午 2：30 分别按照货币政策委员会决定的官方利率进行两轮公开市场操作，目的是影响市场价格和货币市场收益率曲线。下午 3：30 和 4：20，往往会选择以惩罚性利率进行两轮操作，目的是消除银行系统账户不平衡。虽然市场上存在各种短期贷款品种，但 14 天逆回购因为较好管理和对市场利率影响可控等优点，一直是公开市场操作的标准操作措施。

2.2.3　英国货币政策的传导机制

货币政策对实体经济的调控主要通过影响总需求来实现。在货币政策传导机制的作用下，官方利率的变动将对平均物价水平产生影响，最终达到调控实体经济的目的。但值得注意的是，从不同的时间跨度来看，货币政策的实际影响和使用效果不尽相同。例如，从长期角度来看，货币政策只能对商品和服务的名义货币价值产生影响，即只能影响总体物价水平。但从短期和中期角度来看，货币政策还是可以实质性地对经济活动产生影响的。因此，这些长期和短期的影响因素和相互作用的因果关系，共同构成了货币政策传导机制。

一国货币政策传导机制的形成具有其历史传承性，与该国的制度、文化、经济发展水平等都息息相关。由于不同国家的金融市场发展程度不同，货币与资产价格对官方利率变动的敏感度不同，相应地也会具有不同的货币政策传导时滞和反应周期。如何确定本国货币政策的传导渠道、传导特点和传导效果就变成了货币政策制定者不得不解决的问题。

经过多年的研究和实证分析，学者们将英国货币政策的主要传导路径总结分类为市场利率、资产价格、预期/信心、汇率四种，各路径的传导流程如图2-1所示：

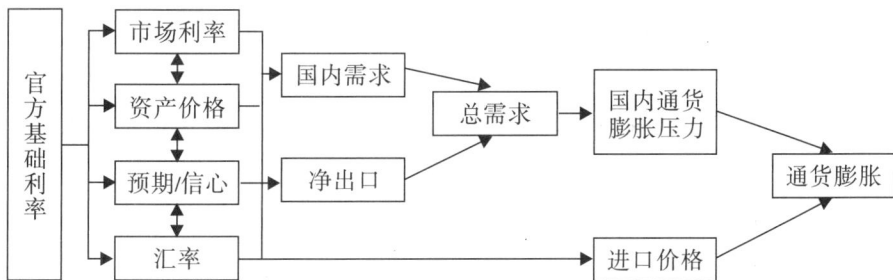

图2-1　英国货币政策传导路径

资料来源：MPC. Bank of England［EB/OL］. http：//www/bankofengland. co. uk/；刘迎春，郑春芬. 后金融危机时代英国货币政策的局限性［J］. 现代管理科学，2010（9）.

1. 官方利率变动的影响

官方利率是指英格兰银行进行公开市场操作时所执行的14天回购利率。该利率由货币政策委员会根据市场预期制定，每月调整一次。

大量相关研究已经证明，货币市场的回购利率、同业存款利率等各类短期利率对官方利率的变动都十分敏感，但其受影响而变动的幅度一般不超过官方利率的调整幅度。紧接着，受利率市场变动的影响，银行也会相应地调整其吸收存款和发放贷款的基准利率，但由于市场竞争的存在，不同银行的利率调整幅度并不会完全相同。不同于官方利率和短期利率的同向联动，长期利率的变动还会受到市场预期利率的影响,不一定与官方利率调整的方向相同。例如,官方利率向上调整,可能会引发未来利率下调的预期,从而使长期利率下调。

另一个容易被影响的因素是金融资产价格。例如,当其他条件不变时,利率上升意味着未来现金流的折现因子增大,债券、股票等金融资产的现值下降,价格降低。

此外,汇率也会受到官方利率变动的影响。汇率本身作为一个重要的经济变量,反映了一国与外国之间价格、利率、通货膨胀率等多领域的差异。因此,官方利率变化对汇率影响的机制较为复杂,但一般来说,我们普遍认为在其他条件不变的情况下,官方利率上升会使本币汇率立即升值,反之亦然。

官方利率变化对未来经济形势的预期及信心也有影响。除了迅速对金融市场参与者产生直接的影响外,利率变化也将通过改变劳动者的收入和企业的经营利润等方式,将影响传递至实体经济领域。但产生的影响程度甚至影响方向都很难事先确定。例如,当上调官方利率时,市场可能会认为经济的增长速度大于中央银行预期,从而导致市场对未来收入增长更为乐观的预测和信心;相反,市场也可能会认为官方利率上调是由于中央银行认为有必要减缓经济增长速度,进而控制通货膨胀。

综上所述,通过控制官方利率,中央银行可以实现对市场利率、资产价格、汇率的调整,并最终达到调控经济活动的目的。但由于外部环境的复杂性和市场预期的不确定性,调整官方利率所带来的影响有时难以估计,但其运行机制基本同上述模式相同。

2. 利率对支出行为的影响

消费会受到货币政策变化影响,但是利率变动对预期和信心的影响十分模糊,假定市场对未来经济预期和信心不变,货币政策不影响财政政策,因此分析货币政策对个人支出行为和企业支出行为产生两个方面的影响:

(1) 对个人支出行为的影响

第一,存款人和贷款人的可支配收入受到储蓄与利率的影响,进而影响他们的消费行为。实际上在英国,住房抵押贷款占个人债务的80%,这一贷款又会受到浮动利率的影响。利率提升,会降低贷款人的可支配收入和当期支出。

第二,个人资产价值受到金融资产价值的影响。利率上升,则证券价格下降,个人财富水平下降,相应的支出也会下降。住房也是重要的金融资产,同样会受到利率的影响。利率上调,融资成本会上升,需求降低,房价上涨的态势也会得到改善。

第三，国产商品与进口商品的相对价格会受到利率的影响。利率上升，往往本币升值，使进口商品变得相对便宜，因此，大家会偏向到国外消费，这就降低了对国产商品的购买需求。

实际上，上面的论述并不适用于所有的现实情况，如对那些将银行存款利息作为全部生活来源的民众来说，利率上升增加了收入，从而会刺激消费；但从英国整体的个人财务状况来看，利率上调，会导致消费者支出减少，且会使英镑升值，消费者会转向消费国外的商品和服务。除此之外，这种影响的程度也会因为消费者预期和信心的不同而有所差异。

（2）对企业支出行为的影响

英国大部分企业主要通过银行借款和货币市场进行短期融资。因此，企业对货币政策的变动非常灵敏。因为利率提高，企业的融资成本会相应增加，企业财务状况会恶化，最终影响企业的投资和雇员计划。一般来看，利率提高，企业往往会延迟投资、减少库存；相反，利率降低，企业会进行业务扩张。除上述直接效应外，货币政策变化也会对未来经济形势预期和信心产生影响，从而对企业投资产生间接影响。

3. 支出行为变动对国民生产总值和通货膨胀的影响

社会总需求等于国内生产总值，国内生产总值由国内总支出和净出口组成。国内总支出主要包括个人消费支出、政府支出、投资支出。因此国内生产总值会受到国内总支出的影响，此外，国内总支出还会对产出有二次间接影响，并引起群众预期和信心发生改变。

一般来讲，从官方利率的调整到对实体经济产生充分影响会有时滞。实证研究表明，英国等工业国家，官方利率调整到对需求、生产产生充分影响的时间长度大约为一年，而需求、生产的变动导致物价充分变动的时间长度大约也是一年，但时滞往往具有不确定性，其影响因素包括市场对未来的预期和信心、调整利率时的经济现状和全球经济形势的变化等。

长期来看，实际国内生产总值的增速主要受技术进步、劳动力数量与质量、资本积累等供给因素影响，虽然供给能力会受到政府的一些政策影响，但货币政策并不直接影响供给。实际上，中央银行除了关注国内生产总值增速，还关注潜在产出增长率。当潜在产出增长率等于国内生产总值增速时，不会引起通货膨胀；潜在产出增长率低于国内生产总值增速时，就会有通货膨胀的可能。但一个经济体的潜在产出增长率很难被精确衡量，因此，对中央银行来说，准确地判断国内生产总值增速和潜在产出增长率间的关系是一个巨大的挑战。

4. 汇率变动对通货膨胀的直接影响

汇率变化不仅对一个经济体的对外竞争力、净出口和总需求产生影响，还直接影响该经济体的通货膨胀。以本币标价的进口商品、服务受到汇率的影响，使得部分厂商的商品价格、生产成本受到影响，如英镑贬值提高了进口商品的英镑价格，进而提高通货膨胀压力。

5. 资产价格在货币政策传导机制中的作用

货币政策传导渠道之一是资产价格的变化。但学术界对资产价格的变化是否与产出增长和通货膨胀有必然关联，以及资产价格的变化对货币政策是否有影响一直有所争论。国际清算银行曾在年报中暗示，建议部分国家（尤其是新兴市场）可以通过货币政策来降低资产价格的波动。

英格兰银行认为，在制定货币政策时除了密切观察资产价格变化外，还需根据实际情况具体分析资产价格与通货膨胀、产出之间的关系。可以看出，资产价格不太适合作为中介目标来控制通货膨胀。

一方面，资产价格波动主要通过资本成本、财富效应、抵押贷款、汇率等渠道影响通货膨胀和产出。相关实证表明，因为英国的金融市场较发达，资产价格可以成为货币政策传导的重要渠道之一。此外，资产价格波动本身就涵盖了许多的预期信息，因此分析资产价格波动为中央银行准确预判经济走势和货币政策提供了有利的证据。

另一方面，除了货币政策，资产价格还会受到许多其他因素的影响，像投资者偏好、预期、税收政策等。因此在多个因素的共同作用下，资产价格往往具有较高的波动性，仅通过资产价格波动反映基本面的变动是不够全面的。例如，20世纪80年代末期日本资产价格的变化和90年代末期全球股票市场的非理性变化，都偏离了基本面在变动。因此，不能统一机械地认为货币政策会对资产价格的变化有所反应。

总的来看，资产价格的变化对货币政策传导机制有重要影响，也对经济前景的预判有着关键启示的效果，但针对这些隐含信息，我们还需结合其他因素来共同分析和探讨。

6. 货币供给在货币政策传导机制中的作用

在英国，货币供应量曾作为货币政策的中介目标。在英国货币政策体系中，货币供应量在货币政策传导机制中作用十分关键，但它仅在制定货币政策时作为一个参照标的，并不作为货币政策的操作工具。比如英国每次发布利率决策，货币供应量都会相应发生变化。而且有时候相比利率，货币供应量可以更好表现出当前的货币政策。从长期看，物价和货币供应量往往存在正相关关系，但如果经济增长所需要的增速小于货币供应量增速，会使得物价稳定的目标无法达成。因此，控制通货膨胀也就意味着钉住货币供应量的增速。

货币政策机构也要积极关注货币供应量和银行信贷的变化程度，因为银行的某些方面变化可能会导致通货膨胀和经济增长变化。像对银行加强监管，往往使银行部门产生"惜贷"的情况，即使官定利率没有改变，银根却会紧缩。

但是一直以来，英国政府并没有构建以货币供应量为中介目标的货币政策体系，主要因为在金融创新等情况的影响下，英国国内生产总值和英国货币供应量间还没有建立稳定的相关关系，且货币供应量和通货膨胀间也没有形成明确的因果关系，因此在较短时间为货币政策的实施提供数量化的参考是困难的。由于控制通货膨胀作为货币政策的最终目标，英国货币当局实行钉住通货膨胀的货币政策要优于以货币供应量为中介目标的货币政策，同时发达的金融市场和政府较强的调控能力，也是英国采用钉住通货膨胀的货币政策的支撑。

2.2.4 货币政策调整对国内生产总值和通货膨胀的影响

一些学者用计量经济学的模型对英国货币当局调整货币政策对产出和通货膨胀的影响进行数量分析，在其他条件不变的情况下，官定利率上调100点并在一年内保持不变，一年之后再对利率进行反方向调整，发现官定利率的变动一开始会使得国内生产总值的增长速度迅速下降，在第5季度左右实现最大降幅0.2%~0.3%，但从第5季度开始，国内生产总值会开始恢复增长，因为模型内在的均衡势力对利率进行了反向调整。利率上调1年以内，通货膨胀水平没有发生较大变化。但第二年开始通货膨胀下降幅度增大，大概9季度后，下降幅度达到峰值，为0.2%~0.4%；随后通货膨胀又开始反弹，但3年内的通货膨胀没能回到利率上调时的水平。

但是，英国货币当局曾多次提出，类似上面的模型简化了货币政策传导机制，仅仅是理论分析，其估算的结果难以准确反映货币政策的影响。因为在实际情况中该模型的假设并不存在，也就不能为英国货币当局提供可靠的预测依据，我们唯一可以得到的是，货币政策变化，在经过一段时间的反应后会对产出和通货膨胀产生影响。

2.2.5 英国货币政策工具

英国传统的货币政策工具主要有公开市场操作、利率和存款准备金等。2008年全球金融危机发生后，英格兰银行采取了非传统货币政策工具，如资产购买计划（量化宽松政策，Asset Purchase Facility）、融资换贷款计划（Funding for Lending Scheme）和前瞻性指导（Forward Guidance）。

1. 传统货币政策工具
（1）公开市场操作

公开市场操作指中央银行在公开市场上买卖有价证券从而增加或减少基础货币数量，进而对银行准备金产生影响，达到调节货币供应量的效果。当中央银行想要缩减货币供应量时，就卖出有价证券，回收基础货币；想要扩大货币供应量时就进行相反操作。公开市场操作具有更加主动灵活等特点，因此是发达国家主要的货币政策工具。

英国货币当局一般一天进行三次公开市场操作。在每一轮操作中，英格兰银行采取如下程序：

第一，公布一天内对市场流动性不足或过量的预测。第二，如果市场流动性不足，并且流动性不足的规模非常巨大，英格兰银行就要引入一轮公开市场操作。第三，公开市场操作一般以固定利率进行，也可能采用变动利率招标，所提供资金的期限平均为两周。第四，对于这些操作，商业银行可以选择通过债券回购或现券出售获得资金。如果商业银行提供票据，票据的剩余期限可以达到签约的回购证券的最长期限。英格兰银行在兑现的 7 日内不会购买票据。第五，如果投标额超过了预期流动性不足的数量，英格兰银行就会按比例投标。第六，一旦预期市场出现盈余，英格兰银行将通过提供短期国库券的现券销售来消除盈余。这些交易的参与机构包括银行、住房抵押贷款互助会、证券公司。

（2）利率

在英国，最主要的货币政策工具是短期官方利率。1996 年以前英国的官方利率主要是英格兰银行的贴现率，1996 年之后英格兰银行引入回购操作，标的资产是金边债券。从此，英国主要使用两周的回购利率作为货币政策工具，英国通过改变这一利率，向货币市场提供流动性并改变市场利率。

（3）存款准备金

存款准备金是金融机构为应对客户进行资金提取和清算交易需求所持有的现金，其中法定存款准备金是由该国法律规定的，金融机构需要根据吸收的存款向中央银行缴纳一定的存款准备金数额。存款准备金是中央银行重要的货币政策工具，中央银行通过调整法定存款准备金率，影响金融机构的信贷资金供给能力，从而间接调控货币供应量。

存款准备金制度起源于 18 世纪，但英国一直没实施相应法律来确定法定存款准备金制度。存款机构的准备金信用工具种类较多，包括存款和现金、短期国债、商业票据等。20 世纪 80 年代，英格兰银行要求金融机构存入 0.5% 的存款数额，取消了准备金资产比率，但不对存入的货币支付相应的利息。

2. 非传统货币政策工具

英国经济在 2008 年下半年出现恶化，货币政策委员会为了缓解经济恶化，不断降低官方基础利率。从 2008 年年初开始，截至 2009 年 3 月，官方基础利率已经累计降低 8 次，总体降幅 5%，由 5.5% 下降至 0.5%，并延续至今。由于已达到有效利率下降的最大限度，英格兰银行无法通过继续降低利率来刺激经济增长，货币政策委员会使用了非传统货币政策工具，包括资产购买计划、融资换贷款计划和前瞻性指引。

（1）资产购买计划（量化宽松政策）

为了刺激经济增长，英格兰银行还采取了一系列资产购买措施。资产购买计划发挥作用的途径主要是改变经济体中的货币数量。英格兰银行购买资产，市场获取相应货币，而且可以用获取的货币购买下一轮的资产，这使货币在市场中不断转移。同时被投资者选择购买的资产价格将会升高，进而使得财富增多、资金收益率降低，资金收益率降低相当于降低了公司的借贷成本，那么英格兰银行购买资产就会增加经济的需求。

其中金边债券，而不是公司债券作为英格兰银行的主要操作工具的原因有以下几点：首先，金边债券是英格兰银行拥有的唯一数量充足的资产，可借助它实现向市场迅速投放大规模货币。其次，英格兰银行此前已买入较多的公司债券，如果英格兰银行以做市商身份，干涉前期流动性充足但运转失灵的公司债券市场时，应该确保该市场正常运转。鉴于目前的市场规模，不需要花费大量资金，英格兰银行就可以实现这一目标。最后，应该确保英格兰银行所做的相关决策不存在差别对待不同公司和行业的情况。可能在某些情况下，有充分的理由可以实施差别对待，但那仅在政治家们选举时使用。英格兰银行通过购买金边债券，使得私人部门可以自主决定实体经济中新增货币的去向。

（2）融资换贷款计划

2012 年 7 月 13 日，英格兰银行与英国财政部联合推出了融资换贷款计划，允许参与此计划的英国银行以抵押贷款、商业贷款等低流动性的资产作为抵押向英格兰银行借入高流动性的英国国债，然后再用换来的英国国债作抵押获得回购贷款。该计划旨在刺激商业银行和住房抵押贷款互助会等存款吸收机构扩大对英国私人非金融企业（Private Non-financial Corporation，PNF-Cs）和家庭（即"实体经济"）的信贷。2013 年 4 月 1 日，英格兰银行和英国财政部宣布该计划的实施对象扩大到金融租赁机构并将实施期延至 2015 年 1 月。

（3）前瞻性指导

作为非传统货币政策工具，前瞻性指导向市场承诺在未来维持利率在较低水平不变，并说服投资者，即使目前的经济状态已经逐渐恢复到过去的水平，但仍将采取超宽松的货币政策，通过提高通货膨胀容忍度，使中央银行控制的短期政策利率对长期市场利率造成下行压力，进而使居民和企业的融资成本得以降低，使得经济逐渐复苏。如果不这样做，一旦经济有所好转，市场会很快预测到短期政策利率会逐渐回归正常化，这种预期将逐渐推高长期市场利率，对经济复苏造成影响。中央银行通过发布货币政策前瞻性指导，向投资者说明未来的货币政策目标、发展动向和可能发生变化的量化指标门槛，从中，投资者可以更加清晰明了地知道未来短期利率的变动轨迹，进而能够更加深入地解读政策意向，使得市场环境更加稳定、可预期。这样的前瞻性指导有助于降低长期利率，消除企业和消费者对于利率的不确定性变动产生的恐慌感，进而更好地维护资本市场的稳定性，保障实体经济稳步复苏。当美国联邦储备银行引入货币政策前瞻性指导后，英格兰银行也推出了前瞻性指导。

2013年8月7日，英格兰银行声称，将一直维持目前0.5%的超低基准利率和量化宽松政策，直到失业率下降至7%以下，并且英格兰银行已经做好扩大当前3750亿英镑资产购买计划的预案，将到期国债带来的资金重新用于投资。同时英格兰银行明确表示，如果以下三种情况出现，将停止上述前瞻性指导：一是如果在未来18~24个月内，英国通货膨胀没有回落到2.5%左右；二是预期中期通货膨胀出现恶化，不能下降至2%附近；三是由于超低利率水平导致金融市场的稳定性遭到威胁。

明确的前瞻性指导可以提高货币政策的有效性：第一，让公众更清楚地了解货币政策委员会如何促使通货膨胀回归到目标值，以及通货膨胀与经济增长速度、就业增长两者之间的政策平衡。第二，当经济复苏时，减少货币政策未来路径的不确定性。第三，建立了强劲的框架，在此框架下货币政策委员会可以刺激经济增长而不威胁到价格和金融稳定。

前瞻性指导主要通过以下机制传导：第一，影响公众对短期政策利率的预期。第二，有可能降低短期利率的不确定性。第三，可能降低期限溢价（Term Premium），鉴于利率未来路径的不确定性，期限溢价部分地反映了对投资者的补偿。第四，可以影响短期无风险利率水平和波动程度，推高其他资产的价格。

前瞻性指导对长期金边债券收益率有两个对立的影响。一方面，对短期利率预期的降低和定期溢价的缩窄会降低长期利率；另一方面，如果前瞻性指导强化经济复苏预期，长期远期利率也可能上升。前瞻性指导对长期收益率的主要影响取决于这两方面的平衡。

前瞻性指导的实施、对未来银行利率发展情况和资产购买提供指导，将帮助货币政策委员会更好地应对突发情况。货币政策走向受到多种因素的影响。中央银行不可能与公众沟通所有的信息，因此前瞻性指导需要寻求平衡，它必须是简单清晰，容易被公众解读的。

近年来，全球的许多中央银行为利率走势提供指导。中央银行提供前瞻性指导主要有三种方式：一是日本央行、美联储和欧央行明确表明政策利率维持现有水平的时间，也称为开放式指引（Open-ended Guidance）；二是加拿大央行和美联储提供何时将提高利率的指引，也称为时间指引（Time-contingent Guidance）；三是美联储提供的状态指引（State-contingent Guidance），表明什么样的经济情况将可能导致利率的上升。

第一，开放式指引。开放式指引提供未来政策走向的明确信息，例如，表明银行利率将在"长期内"维持现有的水平或银行利率将维持现有水平"直到增长预期大幅提高"。提供这样定性的指引能够较好地应对突发事件。但除此之外信息较少，存在被公众误解的风险：如"长期内"和"直到增长预期大幅提高"具体指的是什么？

第二，时间指引。时间指引表明货币政策何时将发生变化，例如，明确表明在未来的某个时点之前银行利率将不会升高，这样相对容易被公众解读。但是经济情况的任何变化都可能影响利率维持现状的时间长短，时间指引不完全是可信赖的政策策略，因为它没有提供任何关于货币政策委员会如何应对突发经济情况的信息。因此，目前时间指引不是特别奏效。

第三，状态指引。状态指引表明经济情况可能导致货币政策的变化，例如，表明不会提高银行利率直到失业率达到一定的水平，或者产出增长超过一定比率，这样的政策与仍在维持的中期通货膨胀目标相一致。

通过把货币政策走向与经济情况而不是某个时点相连接，状态指引可以帮助公众了解货币政策委员会应对经济突发事件的原因及手段，更新其对未来政策走向的预期。这对目前情况比较有帮助，可以"熨平"银行利率预期的波动。此外，状态指引建立了经济发展和政策走向的直接联系：通过选择合适的变量，可以确保预期随着经济复苏情况而相应变化，让公众更多地了解供应情况和通货膨胀预期。状态指引也有其缺点，如不容易被公众解读。因为状态指引需要公众了解经济变量现状以及这些经济变量将如何发展。

平衡三种方式的优缺点，英国货币政策委员会认为目前状态指引比开放式指引和时间指引更适合英国。

表 2 - 1 不同国家采取/修订不同指引状态的时间表

中央银行名称	采取时间/修订时间
开放式指引	
日本央行	1999 - 04；2013 - 04
美联储	2003 - 08；2008 - 12；2009 - 03
欧央行	2013 - 07
时间指引	
加拿大央行	2009 - 04
瑞士央行	2009 - 04
美联储	2011 - 08；2012 - 01；2012 - 09
状态指引	
美联储	2012 - 12

关于设计前瞻性指导时选取的指标，英国货币政策委员会选取了一系列关于实体经济方面和价格稳定方面的指标来设计前瞻性指导。例如，实体经济方面的指标有产出缺口、实际 GDP 增长率、失业率、就业率。价格稳定方面的指标包括当前 CPI、货币政策委员会对通货膨胀的预期。其他指标还包括名义 GDP 等。金融政策委员会声明，货币政策委员会决定不指定任何单独指标来判断系统性风险。

综上所述，英格兰银行在多年货币政策操作实践的基础上，已经能充分理解货币政策影响经济和通货膨胀的各种路径及其传导效果，并努力提高货币政策的透明度，进而提高政策有效性。为此，英格兰银行通过银行领导和高级官员的讲话、通货膨胀月度报告、货币政策委员会会议记录、英格兰银行年报、议会听证、新闻发布会、英格兰银行网站、与大学合作等多种形式，努力提高货币政策透明度并获取公众支持。

第 3 章

英国的通货膨胀情况

3.1　英国的通货膨胀历史

英国自 1694 年创设英格兰银行后，就开始发行可兑换的银行券，从 17 世纪末到 19 世纪末的 200 年间，绝大部分时间实行的是金本位制，币值稳定。1797—1817 年，英国干预法国资产阶级革命，发生了历时 20 年的高通货膨胀。1815 年英法战争结束后，英国政府才缩减不兑换银行券的发行，1819 年重新实行金本位制，1821 年完全恢复银行券按照十足的票面额兑换金币，直到第一次世界大战，英国再没有出现严重的通货膨胀问题。

1900—1965 年，英国大体呈现较低的通货膨胀，通货膨胀均发生在第一、二次世界大战时期。在战争时期，一方面政府会大量发行国债以满足战争开销，增加了货币供应量；另一方面战时物资紧缺，商品供不应求，导致通货膨胀。

1966—1970 年，由于英国实行凯恩斯的总需求政策，对商品和服务需求过大，给工资和物价带来了压力，引起了温和的通货膨胀。

1971—1982 年，英国出现严重的通货膨胀，一方面与阿拉伯国家抵制石油出口引起油价急剧上涨，导致物价和薪资普遍上涨有关；另一方面也与英国多年实施的凯恩斯主义财政扩张政策有关。在高通货膨胀的同时，英国经济停滞不前，整个国家处于"滞胀"的局面。1979 年，英国政府颁布"限制法案"，停止英格兰银行的银行券兑换金币，发行不兑换银行券作为资助国家的手段。之后 20 年，纸币流通量增加了将近 3 倍，价格指数上涨到原来的 1.5 倍。

1983—1988 年，经过英国政府强有力的反通货膨胀措施，英国的通货膨胀趋于缓和。

1989—1992 年，由于经济过热，通货膨胀重新抬头。

从 1992 年 10 月开始英国以通货膨胀为目标，不再设置中间目标于政策工具和最终目标之间，货币政策主要依据对通货膨胀的定期预测进行决策。

一开始英国将通货膨胀目标设定为0.5%，很快又改成2%，这之后英国的通货膨胀一直稳定在较低水平，通货膨胀目标制在抑制通货膨胀上取得了很好的政策效果。

表3-1　英国1900—2016年的通货膨胀率

（单位:%）

年份	1900	1901	1902	1903	1904	1905	1906	1907	1908	1909	1910	1911
通胀率	5.1	0.5	0.0	0.4	-0.2	0.4	0.0	1.2	0.5	0.5	0.9	0.1
年份	1912	1913	1914	1915	1916	1917	1918	1919	1920	1921	1922	1923
通胀率	3.0	-0.4	-0.3	12.5	18.1	25.2	22.0	10.1	15.4	-8.6	-14.0	-6.0
年份	1924	1925	1926	1927	1928	1929	1930	1931	1932	1933	1934	1935
通胀率	-0.7	0.3	-0.8	-2.4	-0.3	-0.9	-2.8	-4.3	-2.6	-2.1	0.0	0.7
年份	1936	1937	1938	1939	1940	1941	1942	1943	1944	1945	1946	1947
通胀率	0.7	3.4	1.6	2.8	16.8	10.8	7.1	3.4	2.7	2.8	3.1	7.0
年份	1948	1949	1950	1951	1952	1953	1954	1955	1956	1957	1958	1959
通胀率	7.7	2.8	3.1	9.1	9.2	3.1	1.8	4.5	4.9	3.6	3.0	0.6
年份	1960	1961	1962	1963	1964	1965	1966	1967	1968	1969	1970	1971
通胀率	1.0	3.4	4.3	2.0	3.3	4.8	3.9	2.5	4.7	5.4	6.4	9.4
年份	1972	1973	1974	1975	1976	1977	1978	1979	1980	1981	1982	1983
通胀率	7.1	9.2	16.0	24.2	16.5	15.8	8.3	13.4	18.0	11.9	8.6	4.6
年份	1984	1985	1986	1987	1988	1989	1990	1991	1992	1993	1994	1995
通胀率	5.0	6.1	3.4	4.2	4.9	7.8	9.5	5.9	3.7	1.6	2.4	3.5
年份	1996	1997	1998	1999	2000	2001	2002	2003	2004	2005	2006	2007
通胀率	2.4	3.1	3.4	1.5	3.0	1.8	1.7	2.9	3.0	2.8	3.2	4.3
年份	2008	2009	2010	2011	2012	2013	2014	2015	2016			
通胀率	4.0	-0.5	4.6	5.2	3.2	3.0	2.4	1.0	1.8			

数据来源：CC0 1.0 Universal legal code.

3.2　英国控制通货膨胀的措施和成效

3.2.1　理论和控制工具的变化

从第二次世界大战到1975年以前，英国宏观经济是以凯恩斯需求管理为核心理论来引导经济。其中为了控制通货膨胀，通过降低总需求来抑制"需求拉动"型通货膨胀；通过控制工资增幅来抑制"成本推动"型通货膨胀。到了 1975 年，英国经济出现严重的"滞胀"，凯恩斯需求管理理论显然无法控制当时的情况。到了 1980 年，宏观经济控制的基础理论和实际运作都发生了重大变化，以弗里德曼为代表的货币主义和以卢卡斯为代表的新古典学派都针对当时的情况发表了自己的理论与政策建议。

在基础理论的变化中，以弗里德曼为代表的货币主义认为，长期平均通货膨胀率是由货币供应量在该期间的平均增长率决定的，这是由于在长期中货币存量的变化不会影响经济中已处于均衡状态的实际产出，而只会影响价格水平的变化。因此，在长期中只要将货币供应量控制在与经济增长相当的水平上，通货膨胀就可以被控制，并且不会影响实际产出和就业水平。但是在短期中，货币供应量的增减却会引起国内生产总值和就业水平的变动。也就是说，虽然紧缩性货币政策将最终降低通货膨胀，但它必然首先导致经济的衰退。同样，扩张性货币政策虽然可以暂时引起经济的繁荣，但其后果必然是通货膨胀。在此理论基础上，针对反通货膨胀，货币主义提出的政策主张是政府最好不用货币总量政策去取得短期的经济目标，而应该确定一种能避免造成整个经济不稳定的货币增长率，而且一旦确定下来就应该长期坚持。即使政府为了降低通货膨胀率而不得不对它进行改动时，也只能逐步进行，这样才能减少政策变动带来的震荡和避免经济形式的突然恶化。

以卢卡斯为代表的新古典学派认为，所有市场都处于"出清"状态，整个经济不管是在长期还是在短期中几乎都处于持续的均衡状态。新古典学派有三个著名的论点：一是理性预期假设。它认为人们可以根据所得到的信息对经济的发展作出理性的判断，但由于所能得到的最新信息只能是上一个时期的，因此理性预期很可能同当前的实际状况有所差别。二是假设经济中存在着唯一的竞争均衡，经济中所有的市场都持续地处于出清状态以建立这种均衡。三是经济周期理论。它假设经济中产量和就业的变化是经济单位价格预测发生错误的结果，公司和个人往往将价格的"货币"变化当成供应量的变化，并以此来改变其产量和劳动力的供给。比如在经济周期的上升期，市场上的货币价格会高于人们的预期价格，公司误将其产品货币价格的提高当成其产品相对价格的提高，并相应增加产量，工人则把货币工资率的提高误当成其实际工资的提高，因而增加劳动力的供给。由货币价格升高造成的"假象性"总需求增加导致了产量和就业的增加。在经济周期的下降期情况则相反。这种对通货膨胀率的错误预期导致了实际状况围绕均衡状态上下波动，只有当通货膨胀率预期完全正确时，均衡产出才会实现。在治理通货膨胀的问题上，新古典学派强调预期的重要性，认为政府只要尽可能宣布其减少货币增长率的反通货膨胀政策,经济中的公司和个人在收到这个政策后会立即降低其对通货膨胀的预期,这样,当政府达到其货币增长率的政策目标时,通货膨胀率就会比例于名义货币量的减少而降低。

相应地,在这段时期内,通货膨胀的控制工具从只强调财政政策工具,到财政政策工具与货币政策工具并行。在这个时期,财政政策从属于货币政策,都是控制通货膨胀的工具。

3.2.2　控制通货膨胀的措施和成效

英国通货膨胀最严重以及治理通货膨胀成效最为显著的时期是 1979 年 5 月撒切尔领导的保守党上台之后,所以在论述英国控制通货膨胀的措施及成效时,着重讨论这段时期的政策执行及其效果,以及 20 世纪 90 年代初期很多国家实施的通货膨胀目标制在英国的实施过程及成效。

1976 年 7 月,工党开始发放货币和调控信贷目标,试图通过收入政策(工资—价格控制)来抑制通货膨胀,但是效果并不显著。1979 年 5 月撒切尔领导的保守党上台执政,认为造成通货膨胀的原因是货币供应增长率超过实际需要,因此须执行紧缩的货币政策,降低货币供应增长率。此外,还配合了紧缩的财政政策,确保经济中不会有货币供应量其他方面的增加(如财政赤字的“货币化”)。同时,在收入政策上采取强硬的政策对付工会的力量,防止工资不合理的增长。撒切尔政府治理通货膨胀的措施及成效分为以下四个阶段:

1. 1979 年 5 月—1983 年 6 月:货币主义实验阶段,紧缩性货币政策加紧缩性财政政策

在这一时期,英国尝试通过货币主义的政策反通货膨胀,其政策措施集中体现在 1980 年 3 月的“中期财金战略”中。“中期财金战略”的主要内容为严格限制目标货币总量 M3 的增长率,并迅速将预算赤字与 GDP 的比率降至规定目标以内。1979/1980 财政年度这个比率为 3.9%,1980/1981 财政年度为 3.8%,到 1983/1984 财政年度要降低至 1.5%。降低财政赤字的主要担心在于,政府财政赤字“货币化”,即用多发货币的办法来弥补财政赤字,最终会成为货币增长及通货膨胀的主要原因,所以实行货币政策必须搭配紧缩性财政政策。在货币政策工具的选择上,英国选择的是利率控制的方法,通过利率变化影响货币供应量(M3 等),达到反通货膨胀的目的。“中期财金战略”实施后并未立即生效,通货膨胀率从 1978 年的年平均 8.3% 上升到 1979 年的 13.4%,并于 1980 年达到 18%。

在货币紧缩的情况下,1980 年仍出现令人费解的通货膨胀,因为虽然英镑 M3 呈增长趋势,即从 1979 年的 12.6 上升到 1980 年的 15.2,1981 年升至

17.3，但 M0 从 1979 年的 12.2 下降到 1980 年的 10.2，1981 年继续降至 4.7。
从 M0 增长情况看，货币供应呈紧缩趋势，显然应该相信 M0 有更高的准确
度。除了货币供应量，造成 1980 年通货膨胀上升的一种解释是：1979 年的政
府预算中大量增加了增值税，而且税外还有很大一部分相当于"佣金"的支
付，这种一次性成本的大量增加造成了 1980 年的通货膨胀意外上涨。然而，
作为政府选定的货币总量控制目标，M3 的增长变化不能实际反映货币供应量
的变化是英国政府的一大失误。因此，在 1982 年，除 M3 外，又增加了 M1
作为控制目标，并将 PSL2（一种广义的流动资产，包括房地产股份和存折
等）的增长情况作为货币供应量变化的参考指数。此外，汇率变化情况和公
共部门借贷需求变化情况也作为参考指数。这时的货币控制已经变成一种综
合指标。

另外，撒切尔执政以来，虽然放弃了对工资和价格的直接控制，让市场
力量对其进行调节，但对于公共部门的工资增长仍规定了上限，比如在
1981—1982 年，其增长率规定为 4%，如果公共部门的平均工资增长率超过
这个数字，就业人数和公共部门的支出就要被降低，以此来控制整体工资的
增长水平，从而降低通货膨胀。紧缩的货币和财政政策从 1981 年起在降低通
货膨胀方面收到显著效果，通货膨胀率在 1981 年降为 11.9%，1982 年降为
8.6%，1983 年降为 4.6%。

但与此同时，其副作用也明显反映在日益加重的经济衰退和英镑的持续
升值，以及利率的不断抬高上。GDP 的实际增速从 1978 年的 3.7% 降到 1980
年的 -2.3% 和 1981 年的 -1.3%；失业率从 1979 年的 4.3% 升到 1982 年的
9.9%，拉开了整个 80 年代中期英国高失业率的序幕；1978—1981 年英镑升
值了 40%，致使工业中很大一部分部门的竞争能力降低，同时，短期利率升
高至 1980 年的 16.6% 和 1981 年的 13.8%。在这种形式下，从 1982 年年初
起，政府开始少量放松货币政策：一方面是为了降低利率，减弱英镑汇率的
强势；另一方面是为了刺激经济的恢复和增长。货币供应控制目标也作了相
应的调高，控制在 5% 左右的 M0 增长率上，并试图保持这种增长速度。在财
政政策配合下，英国经济从 1982 年春天起开始逐渐恢复。

2. 1983 年 6 月—1985 年 10 月：经济恢复期

1983 年 6 月，劳森接替杰弗里·豪担任英国财政大臣。从这时起，虽然
反通货膨胀仍然作为维持经济增长的先决条件和货币政策的主要目标，但政
策的实施方式有了很大变化。首先，在经济指导思想上，不再强调"消灭"
通货膨胀，而是允许通货膨胀停留在 4% ~5% 的水平，以便经济有更快的增
长。其次，货币供应目标受到的重视程度愈益减少，汇率和国民收入以及
GDP 等变化情况受到更多的重视。1984 年，M0 替代 M1 成为控制目标之一，

因为 M1 中也有随利率增长而快速增长的存款成分，故受利率的影响也较大，而 M0 则同国民生产总值有更高的相关率。

3. 1985 年 10 月—1987 年 10 月：货币目标调整时期

1985 年 10 月，英国政府宣布暂停使用 M3 作为货币供应增长率的控制目标，而改用 M0。暂停使用 M3 的主要原因是在 1985 年中，M3 的增长大大超过了目标范围，如果要将 M3 的增长降低至目标范围，势必引起货币供应的过度紧缩，以及利率的突然大幅上涨。而 1985 年通货膨胀的压力不大，为 5% 左右，在政府的期望范围内，没有必要实行通货紧缩。在 1986 年 3 月的预算中，虽然恢复了将 M3 作为控制目标，但同时也提高了 M3 的目标范围，并只规定了下一年（1986/1987 年度）M3 的增长目标，而不是像之前那样规定以后 3~4 年的增长目标。对 M0 则规定了一个中等程度的增长率，以保证对经济有适当的刺激作用。在 1987/1988 年度预算中，M3 不再作为控制目标，再一次改用 M0，并广泛地使用英镑汇率、房地产价格、石油价格、利率等指标作为控制货币供应的参考目标。政府这时更深刻地认识到 M3 的变化捉摸不定，很难使用短期利率等常用政策工具对其进行目标控制。即使政策对经济已经产生了作用，可以从 M0 的变化和汇率的变化中看出，也很难从 M3 的变化中反映出来。

在这种情况下，汇率成了非常重要的货币政策指标。1987 年，政府在政策方面的注意力都集中在如何使用一种稳定的汇率调控机制来替代 M3 的作用上。这时劳森已经发现了稳定汇率的好处而希望加入欧洲货币制度的汇率稳定机制，但由于撒切尔害怕加入欧洲货币制度会造成政府在国内货币政策上失去自主权，因而反对英国加入。财政部和英格兰银行只得通过利率政策将英镑汇率控制在其他欧共体国家货币，特别是德国马克的变化区间内，使英镑保持在 1 英镑兑 3 德国马克的狭小区间内，所以在整个 1987 年中，英镑汇率都非常稳定。1988 年，由于撒切尔强烈反对英镑尾随德国马克的稳定汇率政策，主张英镑随市场供求自由浮动，这种汇率政策被迫取消。

4. 1987 年 10 月—1989 年：经济调整与反通货膨胀时期

1987 年 10 月，在美国股市危机的影响下，英国股市价格也出现了狂跌。由于害怕出现 1929—1933 年那样的经济危机，英国政府降低了利率以迅速向金融系统增加流动资金和货币供应，维持必要的市场信心。虽然各种迹象很快表明，这次股市危机不会对经济产生太大的影响，但政府仍没有很快实行紧缩性货币政策以遏制开始上升的通货膨胀。

1988 年春天和夏天，由于撒切尔第三次当选造成的刺激和股市危机后放松货币供应双重作用的结果，英国国内经济出现了过热的现象。1987 年的经济增长达到 4.6%，1988 年仍为 4.4%。经济过热需要提高利率以放慢经济增长，但这时英镑汇率在外汇市场上又偏高，需要降低利率从而降低汇率以使英国工业保持竞争力，而且英国的经常项目自 1987 年出现逆差后，情况愈加严重，1988 年的逆差数要比预计高出三倍多。在 1988 年的夏天和秋天，利率被多次调高，一方面紧缩货币反通货膨胀，另一方面吸引国际资金流入增加资本项目，缓和经常项目逆差给国际收支带来的压力。尽管这样，通货膨胀率还是进一步上升，由 1987 年的 4.2% 上升到 1988 年的 4.9%，并在 1989 年达到 7.8%。

在 1989 年 3 月公布的预算里，反通货膨胀再一次被突出强调。除了紧缩性财政政策外，在货币政策上劳森宣布"利率需要提多高就可以提多高"，提高的时间"需要有多长就可以有多长"，突出了利率作为货币政策基本工具的作用。5 月，短期利率从 1987 年的年平均 10.3% 提高到 14%，到 9 月份进一步提高到 15%，如此高的利率已接近 1980 年的水平，显然将会导致经济衰退。10 月 26 日，财政大臣劳森因和首相撒切尔在汇率政策上意见不一，特别是在英国要不要加入欧洲货币制度的汇率稳定机制的问题上意见不一而宣布辞职。最终，英国还是在 1990 年 10 月宣布加入汇率稳定机制，待英镑进一步稳定后再加入欧洲货币制度。撒切尔也因其在欧共体问题上的保守态度导致保守党面临分裂的危机，在政策压力下被迫在此之前辞职。与此同时，英国于 1990 年进入经济衰退阶段，到 1991 年年底，还没有完全走出衰退。

从 1979 年到 1989 年，"中期财金战略"在治理通货膨胀上取得了很大的成绩，特别是财政政策和货币政策的混合使用，使英国在 20 世纪 80 年代的反通货膨胀中有了自己的特点。在这一时期中，虽然政府一直坚持认为宏观经济政策的基本着眼点是反通货膨胀，但并没有实行"消灭"通货膨胀的做法，在 80 年代中期实行了经济的稳定增长与 4%~5% 的通货膨胀率共存的政策。当然，一旦经济中出现通货膨胀率高于目标水平的信号，反通货膨胀又会成为优先考虑的政策目标，是典型的英国式"通货膨胀约束型增长管理"。

在货币供应量的决定上，英国的法定存款准备金数额非常小，商业银行和其他注册存款机构只被要求将其负债的 0.5% 以无息的方式存入英格兰银行，从而为英格兰银行提供收入。另外，伦敦清算银行和其他银行机构则自愿将其无息存款提供给英格兰银行以便其日常交易。在这种情况下，银行储备金比例可以被认为等于零，货币乘数将变得很大，因此很难决定货币供应总量。英国的货币供应总量，是由标准货币需求函数和英格兰银行确定利率的能力共同决定的。在货币需求函数稳定的情况下，只要英格兰银行选定了利率，就可以得出货币供应总量，至于是否符合经济发展的需要，则主要看英格兰银行利率的选择是否得当。英格兰银行对利率的选择是通过公开市场业务控制基础货币增长进行的。英格兰银行在货币基数的控制上遇到了很大的困难，因为英格兰银行管理着财政部的账户，财政部的现金收入影响了基数货币每天的运作。此外，用这种货币需求函数加利率的方法决定出的货币供应总量，是实际货币供应量，而宏观经济控制需要的是名义货币供应量，所以，必须用价格水平的变动将实际货币供应总量换成名义货币供应量。

在政策工具的选择上，英国选择的是利率控制的方法，通过控制利率变化对货币供应量（M3 等）的影响，达到反通货膨胀的目的。英国政府认为，利率是货币的价格，要控制货币的数量，绝不能忽视其价格。所以英国的名义货币供应量是通过名义利率的选择来决定的。除此之外，英国发达的银行体系和经济中大量抵押贷款的存在，也增加了利率作用的分量。在英国独创的将财政政策和货币政策紧连在一起的"中期财金战略"中，就明确地提出要使预算赤字和货币增长与预置的利率水平相一致。有的英国经济学家甚至建议，凡是作为货币控制目标的变量，都应该是"利率弹性需求型"，以便使用利率工具进行调整。而在同时期的美国，更愿意使用一种与利率完全不相干的货币目标，如 M0，这样做有两个好处：第一，当利率受到经济中其他方面的冲击而变化时，不会直接影响到有需求的货币供应；第二，当需要改变货币供应量时，也可以避免通过利率调整而直接进行，从而避免浪费时间。货币基数控制在反通货膨胀方面的这些优点，曾在 1979—1980 年引起了英国关于要不要实行货币基数控制的大讨论，为此，英国政府专门发表了题为《货币控制》的绿皮书。书中提到了几点反对使用货币基数控制的理由：一是害怕实行基数控制后短期利率会变化无常；二是害怕新的控制制度实行后，原来稳定的经济制度将发生不可预测的变化；三是相信应该控制的变量不是货币基数而是信用。该书的发表，为英国政府不实行货币基数控制提供了理论依据。货币政策对经济作用的三条渠道：①通过影响利率从而影响价格和总需求量；②通过影响汇率从而影响价格和总需求量；③通过改变经济单位的预期影响工资、价格和利率。

在 20 世纪 80 年代，英国的货币与金融控制以利率控制为手段，结合财政控制的货币供应管理，使经济成功地走出"滞胀"，并将通货膨胀率降到了较低水平。1979 年 5 月撒切尔政府刚上台时零售价格增长率为 10.3%，到 1980 年 8 月增加到最高峰 21.9%，这一年的年平均通货膨胀率也达 18%。从这以后，一直到 1988 年，"中期财金战略"中的紧缩性货币政策和财政政策收到成效，通货膨胀一直处于降低的趋势中。1982 年 4 月，零售价格增长率降到一位数，1983 年 5 月和 6 月曾降到 3.7%，以后主要在 4% ~ 5.5%间变动，曾于 1985 年第 1 季度达到最高点 7%，于 1986 年 7 月至 8 月达到最低点 2.4%。1988 年以后，过热的经济增长重新引起通货膨胀的上升，零售价格增长率在 1989 年夏天超过 8%，通货膨胀率也上升到 7.8%，但与 1979 年的

13.4%相比，仍属于非常低的水平。

3.2.3　通货膨胀目标制

通货膨胀目标制是一种由中央银行提前设定通货膨胀目标并对外公开的货币政策制度。在此目标制度下，政策工具直接指向最终目标，不再需要中间目标作为政策传导的一环。在实际操作过程中，政府或中央银行需要通过对本国未来的中长期通货膨胀情况的预测来确定目标，然后由中央银行借助相关的货币政策工具，实现通货膨胀实际值和目标值的吻合。

1992年9月，英镑危机迫使政府在进行长期而昂贵的汇率保卫战和退出欧洲汇率机制之间做选择，尽管会对政策可信度造成损害，政府还是选择了后者。随后，在1992年10月采用通货膨胀目标制，并宣布每年1%~4%的年度基底通货膨胀目标，表明实现价格稳定仍是货币政策的一个主要目标，同时恢复名义锚，培育政策在公众面前的可信度。英国主要是通过扣除抵押贷款利息的零售价格指数（RPIX）的年度变化来确定通货膨胀目标，主要包括食品和能源价格。在放弃货币和汇率目标后，英国决定在设定政策时不使用任何中间目标变量。货币增长和汇率衡量尺度会被监督，但不会影响政策。在宣布通货膨胀目标的同时持续与公众交流以维持政策可信是英国通货膨胀目标制的核心所在。

英镑退出欧洲汇率机制时伴随着1%的降息和货币贬值（在英国退出欧洲汇率机制的5个月中，英镑贬值14.5%）。利率下跌减少了浮动利率抵押贷款的利息，抵押贷款利息占整体零售价格指数（RPI）的1/5，该指数在新闻报道中引人注意，进而公众预测英镑贬值对通货膨胀的影响会在今后的12~18个月中显现，财政大臣承诺削减公共部门的工资以抑制通货膨胀。

英格兰银行从1993年2月开始，每个季度对本国的通货膨胀进行预测。在1993年的2月至3月，关于通货膨胀预测的讨论中有两个主题，分别是英镑的贬值和政府预算赤字的增加，每一个主题都有可能提升通货膨胀率。官方利率（基础利率）从1992年8月的10%下降至1993年1月的6%。在1993年5月的《通货膨胀报告》中，英格兰银行表示出对汇率影响价格的担忧，指出虽然英镑自2月已升值5%，但是调查结果和金融市场利率表明，通货膨胀目标缺少中长期的可信度，对通货膨胀预测的主要不确定性来源于国内工资和利润走势的不确定性。英格兰银行行长3个星期后发表讲话，明确说明不会降息。

从1992年10月（英镑退出欧洲汇率机制）到1993年年末是英国经济衰退的结束和复苏的开始。GDP增长率在1993年第一季度转变为正值，失业率于1992年12月达到峰值10.6%，在整个1993年，产出增长加速，失业率下降，RPIX 通货膨胀率呈下行趋势，于 1993 年 11 月第一次达到指定 2.5% 的目标区间，汇率于 1993 年 2 月见底，然后在当年的其余时间上升。

在 1994 年年初，当时通货膨胀的情况比预期要好，财政大臣进一步放松货币政策。因为较早时期的英镑贬值对价格的滞后影响被单位劳动力成本的下降所抵消，所以通货膨胀受到抑制。

1994 年夏天，经济反弹比预期强劲，《通货膨胀报告》开始列举通货膨胀压力的证据，如批发价格上升。尽管通货膨胀数据较好，但财政大臣分别于 9 月 12 日和 12 月 7 日提升了基础利率，每次都是 0.5%，与 1988 年的紧缩不同，这些升息都是预防性质的。将当前政策与预期状况相联系，考虑政策影响经济的时滞，这种能力是实施明确的中期政策目标很明显的优势。

自 1995 年起，英格兰银行被要求"力求持续在未来两年达到 2.5% 或更低的通货膨胀率"。GDP 增长从 1993 年第四季度和 1994 年第四季度之间的 4%，减缓到 1995 年第四季度的 2%，失业率逐步下降，在年底达到 8%，RPIX 通货膨胀率在 2.6% ~3.1% 之间波动，没有显示出清晰的趋势。1995 年年初，虽然产出增长比 1994 年慢，但相对于经济的生产潜力增长来说仍然较高，这一观点促使英格兰银行和财政大臣形成认识：通货膨胀预期处于恶化的危险当中。因此在 2 月 2 日将基础利率提升 0.5% ~6.75%。尽管采取了这一预防措施，汇率仍在接下来的 3 个月中下跌，到 5 月 4 日，英镑指数比 2 月 2 日下降 4.7%。货币贬值加剧了贸易品部门和非贸易品部门在复苏程度上的差异，这一时期的"二元经济"可以从 1994 年出口增长 10% 与 1995 年年初持平的零售和服务业收入增长的下滑的对比中看出。1995 年前三个季度的 GDP 数据大幅向下调整，到 11 月的 1 年中 RPIX 通货膨胀率处于 2.9% 的低位，这些经济衰退的迹象为 12 月 13 日首次基础利率的降息创造了条件，降息共 4 次，每次 0.25%。

英国经济所希望的"软着陆"在 1996 年实现，快到当年年末时，GDP 增长回升，在第三季度，GDP 同比增长 2.4%，失业率逐步下降，于 1996 年 12 月下跌至 6.7%。从 1995 年 10 月至 1996 年 9 月，RPIX 通货膨胀率在 2.8% ~3% 之间波动，于 10 月和 11 月上升至 3.3%。从 1 月至 9 月末，英镑逐步坚挺，然后在当年的最后 3 个月迅速上扬，升值达 11.6%。成本压力减小，制造业产出数据较弱，以及 1995 最后一个季度的 GDP 增长 0.5%，促使基础利率于 1996 年 1 月 18 日和 3 月 8 日两次降息，每次 0.25%。

随后英格兰银行在 1996 年 5 月的《通货膨胀报告》中预测两年后的 RPIX 通货膨胀率维持在 2.5%，短期内存在向下的偏差风险，但在中期内有向上的风险。在 6 月 5 日的会议后，尽管英格兰银行反对，财政大臣仍宣布基础利率再次降低 0.25%，认为降息幅度足够小，不会引起任何重大的通货膨胀风险，会减小经济复苏向下的风险。如果消费需求开始过快增长，而使通货膨胀处于风险之中，那么到时可以加息。这主要是因为随着选举的到来，财政大臣为了在短期内刺激经济增长，可能愿意承担比以前更大的通货膨胀风险。从8月的会议开始，英格兰银行强烈要求加息，到了1996年10月30日，财政大臣才同意将基础利率由0.25%提升至6%。

1997年5月之前，英格兰银行不具备单独实施货币政策的资格，主要通过规劝群众来进行影响。由财政大臣控制政策工具，由英格兰银行预测通货膨胀和对过去的通货膨胀情况进行评估，他们集中在向民众传播对价格稳定的承诺、货币政策目标和对透明度的关注。在实现这一目标时，英国非常倚重像《通货膨胀报告》这样的出版物，这一创举被其他实施通货膨胀目标制的国家效仿。

1997年5月至今，英格兰银行独立，并仍采用通货膨胀目标制，通货膨胀目标维持在2%，在采用这一制度的20多年中，英国的通货膨胀基本维持在较低的水平，没有出现过像20世纪七八十年代时那样严重的通货膨胀。

第 4 章

英国股票市场状况

4.1　英国股票市场的发展历史

4.1.1　起源

英国股市的起源最早可以追溯到资本的原始积累时期。随着欧洲贸易中心由地中海逐步转移到大西洋，在重商主义时期，英国开始把注意力转移到海洋，通过海上争夺与海外殖民掠夺，为其工业资本的兴起奠定了原始积累的重要基础。这一时期，英国以股份集资的方式成立了一系列以外资与对外掠夺为宗旨的"独占贸易公司"，股票雏形就此出现。资产阶级革命前后，公司作为"法人"的概念已为政府所确认。在克伦威尔统治时期，英国已出现了较为成熟的股票，即这种股票已具有某种"永久性"。具有重要历史影响的是，1694 年第一家股份向社会公开募集的中央银行——英格兰银行诞生。

随着股票交易的不断发展，在 17 世纪晚期，出现了不少小型的股票交易场所，如咖啡馆交易所。为加强对早期证券市场的管理，英国政府于 1697 年颁布了《抑制不正当证券买卖谨防投机潮》，1773 年颁布了《约翰·巴纳德法案》。

4.1.2　兴起

工业革命的兴起、英国对外殖民活动的加强，大大推动了英国产权资本市场的发育成长。特别是 1750 年开始的运河热及其后的铁路热，持续地推动了股份经济的发展。其一，分散的股票交易趋于集中。1773 年，为适应更大规模证券交易的需要，政府在新乔纳森咖啡馆成立了早期的伦敦证券交易所。1802 年英国政府正式批准和承认伦敦证券交易所。其二，第一个正式的证券交易条例在 1812 年颁布。上述两点标志着集中场内交易时代的正式开始，以及规范化的现代证券市场开始出现。其三，在运河热、铁路热的推动与刺激下，英国建立了以纺织、冶金、煤炭、机器制造和交通运输为主的成熟现代工业，到 19 世纪 40 年代，英国已完成了工业革命。由于独资、合伙形式已不能完全适应对资本集聚数量和速度要求较高的现代工业发展的需要，因此现代工业的迅猛发展促使股份经济在社会经济运行中扮演着越来越重要的角色。通过发行股票建立新兴企业或迅速扩大企业生产规模与能力已成为流行的方式。英国政府于 1855 年正式确立股份公司有限责任制，又于 1862 年颁布《股份公司法》。法律的制定推动了股份经济的标准化、制度化进程，进一步刺激了股份公司队伍的扩大。1873 年，英国已有 1200 余家股份公司，到 1897 年，仅在该年新建的股份公司就多达 5000 家。英国股份经济首先是在信用领域发展起来的，到 19 世纪末，英国银行业已基本实现了股份化。其四，随着股份制度的迅速拓展，区域性股票交易所进一步发展，为加强管理，1890 年英国政府成立证券市场协会，开始合并一些小型分散的证券交易所。

4.1.3　繁荣

1851 年，英国在伦敦举办了首届世界博览会，这标志着英国已成为"世界工厂"和"世界贸易中心"。与此相应的是，伦敦证券交易所已取代阿姆斯特丹证券交易所成为世界上最大的证券交易所和世界上最重要的股票集中交易所，也因率先实现股票交易的规范化、自由化和国际化，而成为工业社会中第一个国际性股票交易中心。它鲜明地体现了英国证券市场的两个特征：①在国内证券发行流通中，股票居于相对次要的位置。这主要是因为英国企业在重商主义阶段已拥有巨额资本积累，它们习惯于以独资与合伙的方式组织生产而不大愿意依赖商业银行发行股票。只有在铁路等资本需求量巨大的产业，股份经济的作用才被重视。②到 19 世纪末，英国已建立起一个相当于其本土面积 100 多倍的庞大殖民帝国，由于殖民经济具有国内经济所无法比拟的高额利润，大贸易公司和大商业银行始终把海外投资作为其焦点，外国股票、政府公债成为英国投资者更感兴趣的投资对象。因此，在英国证券市场中，海外证券比国内证券更具有重要性。在伦敦证券交易所中，尽管铁路股票等居于重要地位，但其主要的交易对象还是海外证券，只有在一些区域性交易所中，国内产业股票的重要性才相对有所提高。在伦敦证券市场这种"国际化"历史倾向的背后，隐藏着更为深刻的原因：英国金融资本与工业资本的历史分离。由于金融资本及大工业贸易资本的兴趣主要在海外，因此中小工业资本主要是依靠未分配利润而不是负债资本和外部资金来组织生产。

4.1.4　衰落

经过 19 世纪末第二次产业革命，美国通过股份经济的全面推广，迅速地由自由竞争型资本主义过渡到垄断资本主义，而英国却落伍了。这主要是因为英国中小企业在由劳动密集型生产方式迅速扩张为资本密集型生产方式的进程中，存在着对普及股份制的传统阻力。一方面，在英国没有大规模出现通过成立控股公司迅速更新企业设备、采用最新的技术、扩大生产规模、建立托拉斯企业的现象；另一方面，英国的富裕投资者仍然身在英伦三岛而心系海外。在伦敦证券交易所中，外国股票和外国债券仍是主要的交易对象。由于英国的股票发行与交易远不如美国那么重要，伦敦证券交易所的交易数量与总市值受到了华尔街强烈的挑战。

第一次世界大战结束重开交易所后，纽约证券交易所正式取代伦敦证券交易所成为世界最大的证券交易中心。战前，伦敦证券交易所中80%以上的证券是外国发行的。战后英国海外投资骤减，国内投资相应增加。在1929—1933年大萧条时期，国内证券已占新发行证券的82.6%，这反映了英国经济实力锐减。这一时期，英国因外国资本的巨额输入与国内资本输出骤减而沦为债务国。在战后的新格局下，就算是一向对国内股票兴趣缺乏的大商业银行也只能转向发行国内股票及债券业务。随着社会筹资重要性的迅速提高，相对不太成熟的发行市场逐步趋于成熟。发行商社的兴起成为这一时期证券市场中最大的一个特征。另外，人寿保险公司、投资信托等机构投资者开始跻身于二级市场。

第二次世界大战以后，英国在国际经济体系中的地位日趋下降，伦敦作为第二大国际金融中心的地位也因此受到持续削弱。尽管如此，作为历史悠久、实力雄厚、拥有一整套富有成效的自律机制、率先在国际化方面迈出重要步伐的伦敦证券交易所，20世纪70年代后仍保持了其世界三大证券中心之一的重要位置。

1. 机构投资者为主

机构投资者主要有人寿保险公司、养老基金、投资信托、联合托拉斯等。人寿保险公司在战后较长一段时间里保持了其最重要的法人投资者地位。与美国人寿保险公司不同，英国人寿保险公司所拥有的证券主要是股票。但是随着养老基金迅猛且持续的膨胀，养老基金已取代人寿保险公司成为股票市场上最大的认购者。在20世纪80年代，养老基金约占上市股票总额的1/3，而在1977年，养老基金与各类保险公司在股票总市值中各占18%左右的份额。由于养老基金是由工会掌握的，因此工会，尤其是英国煤矿工会、邮政工会、铁路工会和电气工会等，成为股票市场的"领头羊"。除了养老基金和人寿保险公司外，信托公司也是股票市场上的重要角色。总体来说，1963年机构投资者持有24%的普通股、42%的优先股，到1977年时，机构投资者拥有1/2以上的普通股。在80年代，这一比例已上升至2/3左右。而到90年代初，英国公司、机构投资者所持股权占80%，个人仅占20%。

2. 股票发行居于相对次要的位置

由于英国工业资本与金融资本的历史分离，企业具有依靠自有积累资金扩大再生产的历史传统，企业一般较少依赖负债（贷款、债券）、更少通过产权资本（股票）解决资金问题。因此，股票的重要性相对而言仍是较低的。通过比较表明，尽管伦敦、东京、纽约同属世界最重要的证券中心，但三国企业资金来源的差异是十分明显的。美国企业一般主要靠发行新股票来筹措资金扩大再生产，而日本企业则主要依靠银行贷款发展生产，英国企业采用自有积累资金，对股票市场融资和银行贷款的依赖没有那么大。英美企业资金来源同属自有资本，而日本企业主要资金来源为他人资本。一般来讲，美国和日本的金融资本与工业资本的结合是极为紧密的，而英国则不同。

3. 交易市场国际化发展

一方面，尽管英国海外投资相比"一战"前相对下降，但由于其在对外投资中根深蒂固的历史原因，"二战"后，英国的海外投资仍在资本主义世界中占有重要地位，在20世纪80年代中期前，它是仅次于美国的第二大资本输出国。在国外生产与国内生产比重上，英国在主要资本主义国家中仍是最高的。如在70年代，英国的国外生产总值占GDP的比重相当于美国的2倍多、日本的13倍、联邦德国的6倍多、法国的3倍。这意味着英国金融资本与工业资本仍具有很强的外向特征。与此相对应的是，在伦敦证券交易所中，海外证券仍占有十分重要的地位，在总成交额中占1/2左右。80年代以前，英国海外股票投资相对较少，但在80年代，英国对外股票投资的步伐有所加快。另一方面，战后以来，以美资为核心的外资大步进入伦敦证券市场。尤其是在1986年伦敦金融"大爆炸"后，外国股东在伦敦股市中的份额大大提高。

4. 自律管理日臻完善

英国是典型的对证券交易实行自律管理的国家。政府既没有设立专门的官方管理机构，也很少专门单行立法来对股市或债券市场进行控制和直接干预。政府主要通过贸易工业部对证券市场进行监督，通过英格兰银行对市场进行影响。有关证券业法规也只是散见于《公司法》《1958年反欺诈法》等法律文件中。英国证券市场主要是通过证券交易委员会实行管理的。战后英国资本积聚的速度大大加快，其重要形式之一就是企业兼并。企业兼并所发行的新股票占据了新上市股票的绝大部分。为加强对兼并活动的管理，1968年由参加"伦敦城工作小组"的9个专业协会，组成了企业收购和合并问题专门小组。1978年，根据英格兰银行提议，成立了新的自我管制机构——证券业理事会，其主席由英格兰银行任命。这一机构的主要任务是制定、解释并执行规则。所有证券管理机构通过参加"共同研讨机构"，使得官方意志和自治体系得以协调。

5. 股票投资者构成日益社会化

尽管个人投资在总股权中的份额逐渐被机构投资者所挤占，但投资股票的个人构成越来越多元化，除了"资本家"、食利者这些传统典型的"股东"外，白领、部分熟练工人也逐渐跻身于股市。其主要原因在于，"二战"后尤其是 20 世纪 70 年代以来，西方各国掀起了职工拥有股权的浪潮，英国也不例外。特别是在 80 年代以来，由于撒切尔大刀阔斧地推行私有化政策，力主从"店东思想"这一中间阶层的传统价值观念出发，鼓励雇员优先购买转为私营的国营股权，从而大大推动了股票投资的社会化进程。70 年代以后，在英国 3000 家上市公司中，有 1/6 左右的公司进行了股票分散。在 1979—1984年的 5 年间，有 100 万名新股民加入产权投资的行列中。1980 年，英国个人股东数为 200 万，80 年代中期为 400 万，1987 年已有 900 万。引人注目的是，股市中主要的"活性因素"是那些被政府寄予厚望的、拥有产权和技术的管理人员、专业人员，而不是蓝领雇佣者。在 70 年代中期，英国管理人员参与了 52 笔产权交易，股金总额为 5000 万美元，1986 年，此类交易达 250 笔，交易股权超过 25 亿美元。此时雇员拥有股票在英国方兴未艾，预计将有更多的劳动者加入产权资本市场中。

但是英国证券市场的自律机制过于严格、僵硬，在日益变动的国内外经济形势面前缺乏弹性，严重限制了其自身的发展，使其在与美、日竞争时居于不利地位。其主要表现是：第一，证券业务专业化倾向过于严重。英国股票发行、经纪、自营交易等业务分别由不同的证券金融机构承担，各司其职，互不影响。根据伦敦证券交易所规定，经纪商只能接受客户（机构投资者和客户）的买卖委托，与批发商进行买卖交易，场内经纪商不能相互直接交易。而批发商，即自营交易商，一般利用自己的账户与经纪商买卖股票或在批发商间进行交易，批发商不得与公众直接进行交易。由于批发商一般专营某种股票，营业范围有限，因而有较大风险。作为"当事人"，批发商成为"市场创造者"。在这样一个分工过于细密的场内交易体系中，一切交易均建立在批发商竞价的基础之上。这种互相牵制、各顾各的做法严重束缚了交易所成员的手脚，使得交易所的营运日益被动。第二，由于商业银行不能直接进入交易所交易，伦敦证券交易所的成员主要是中小型证券公司（最大的几家公司的资产也低于 10 亿美元），在国际竞争中缺乏后劲。第三，佣金标准最低限额比率的规定既高且死，既不利于大额交易，也不利于闲资交易，这样就使不少投资者望而却步。第四，非交易所成员不得收购成员公司股份，成员公司的股票只能在相互间流通，既不利于成员公司与非成员公司的公平竞争，又人为地缩小了股票流通范围。

4.1.5 复兴

为了扭转颓势，伦敦证券交易所开始了艰难而漫长的改革之路。20世纪80年代以来，英国证券市场在自由化方面已取得重大突破：不仅商业银行而且连外国银行也能进入英国证券市场，取消了有关最低佣金的规定，非成员公司可以自由收购成员公司的股票，经纪商与批发商的壁垒被拆除，经纪商可以相互买卖，批发商也可以接受委托买卖。这些改革措施使得伦敦证券交易所在国际证券交易中雄风再起。为了加强对国际资本的管理，伦敦成立了发行国际股票的新市场——欧洲股票市场。

相对而言，英国的发行市场不如其交易市场那么完整、发达。和其他国家一样，英国在股票发行时实行内部公开制度，即发行公司必须向证券管理部门（证券交易委员会）和社会公众发放募股销售书。在销售申请得到批准注册后，股票方能进入一级市场。根据1958年防止假冒投资法，能够充当股票发行代理的机构有三种：①证券交易所成员，包括英格兰银行及交易所证券公司，此为正式发行代理人；②加入股票发行公司公会的商人银行（即承兑公司）和同时加入股票发行公司公会和承兑公司公会的商人银行，它们拥有豁免权；③从贸工部获得发行许可证书的批发商。在英国发行市场上，多数股票发行是由商人银行牵头组成的"发行营业所"承担的，"发行营业所"一般要在一个以上的成员经纪商协同下共同销售股票。

相比之下，英国的二级市场具有十分严密、完整、系统的市场结构。在英国，场内交易较重要而场外交易相对不太重要。1973年，伦敦证券交易所开始推动与英国格拉斯哥、都柏林、曼彻斯特等地的交易所之间的合并，并最终形成大不列颠及爱尔兰证券交易所。在1986年金融"大爆炸"前，交易所成员由3600名经纪商与500多名批发商组成，这些成员分属于230家证券公司和17家证券批发商公司。经过会员选举，由一定数量的成员组成了证券交易委员会，它是大不列颠及爱尔兰证券交易市场的最高管理机构，基本上是一个自治性联合管理机构，但政府通过英格兰银行在委员会中起着重要的指导、协调和平衡作用。英格兰银行是政府指定的官方经纪人，它是证券交易委员会理所当然的委员，它不参加投票，但具有裁决权。证券交易委员会作为联合自治机构，其规章制度适用于所有成员，交易所及其成员必须按照SEC规则办事。

除此之外，交易所还拥有一整套对其成员进行严格管理的自治机制。其主要内容包括：交易所成员拥有的交易所股票不能超过一定数量，本所成员不能同时加入其他交易所，代表成员公司的场内证券商必须在成员公司中具有一定的服务期并通过人才考核，新成员必须由老成员介绍担保，成员必须缴纳入会费与会费等。

4.2　英国股票市场现状

4.2.1　英国股票市场的主要板块

自 20 世纪 80 年代以来，中小企业特别是科技企业的直接融资问题就一直是英国讨论、研究和分析的目标，经过数十年的探索，USM 市场、AIM 市场、科技板市场、未上市股票市场和第三市场先后建立。

在 20 世纪 70 年代之前，英国一直施行的都是中小企业淘汰制度，但是在 1973 年之后，英国对中小企业的态度开始转变，政策导向也逐渐从曾经的淘汰制改变为积极支持中小企业发展。80 年代，英国提出有关中小企业发展的法案共计 11 项。基于此背景，在 1980 年，英国联合 23 家公司，共同参与设立了非挂牌证券市场（Unlisted Securities Market，USM）。截至 1989 年末，USM 市场中上市公司数量已经达到 448 家，市场价值接近 90 亿英镑。但好景不长，USM 市场规模在接下来的几年内逐年缩小，直到 1996 年关闭时，市场内只剩 12 家公司，市值缩水超过 10 倍，仅余 8.39 亿英镑。

虽然 USM 市场受到限制，没能较好地发展，却依旧没有改变英国政府扶持中小企业发展的政策方向。英国政府又于 1995 年针对中小企业和初创企业，创立了可供选择的市场（AIM）。AIM 市场的上市标准较低，公司申请加入 AIM 市场只需符合以下条件：①必须分别委任一位特定保荐人和特定经纪人；②公司必须是依据本国法律成立的公众公司或同类公司；③公司的会计账目必须是以英国或美国的通用会计准则为标准编制的；④主营业务获利纪录不得少于两年。不符合上述条件的，董事和雇员需保证自进入 AIM 市场之日起，一年内不得出售其所拥有的与该公司证券相关的任何权益。

此外，1993 年伦敦证券交易所针对科研类公司专门制定了相关的上市规则；又于 1999 年特意针对初创高科技企业制定了上市准则。基于上述规则，定位于服务科技创新公司的伦敦科技板市场于 1999 年 11 月正式建立，伦敦证券交易所希望通过科技板的建立，解决科技创新公司缺少融资渠道的问题。相对于 AIM 市场，科技板的上市要求体现了它专注服务科技创新公司的特色：①具备三年及以上财务纪录，但对是否盈利不做限制；②公司必须根据信息披露规定，严格执行季度披露；③公司在上市时市值不能低于 8000 万美元，同时发售股份不低于 3000 万美元，但不对股东和高管人员出售股份设定限制；④公司必须保证，上市发行后公众持股比例不得低于 25%。

虽然科技板市场的出现解决了一部分初创企业缺少融资渠道的问题，但社会上依旧存在着许多规模较小、缺乏发展、无法具备完全上市条件的公司。为解决这些公司的融资需求，1980年，英国成立了未挂牌股票市场，即未上市股票市场。这一市场的创建被认为给无法上市的公司提供了一个进行合规化操作交易的平台，提升了小公司证券的流动性。这一市场一度被视为是从非正式市场过渡到证券交易所正式挂牌市场的台阶，因此被大家视为第二市场或二层市场。

1986年第三市场成立，主要是为不能进入未上市股票市场且更年轻的公司提供机会，这些公司的股票交易时间更短，相对来说没有太多经验。第三市场的建立，为更多的公司进入有组织的资本市场提供了机会。在第三市场中，主要由发起人管理公司而非证券交易所。1990年年底，由于难以区分第三市场与未上市股票市场，所以撤销了第三市场，将其中的大部门公司转入未上市股票市场。

4.2.2　英国各股票市场现状

"一战"前，大约有80%的国外证券在伦敦证券交易所上市，这充分彰显了英国证券市场的开放性和国际性。世界经济危机和"二战"时期，尽管英国经济力量被弱化，导致伦敦证券交易所的国际地位发生变化，但它仍然是经营外国股票最多的市场。1989年有526家外国公司在伦敦证券交易所注册上市，只有法兰克福股票市场可以与之相提并论（上市公司310家）。而仅有219家、217家、112家和77家公司分别在苏黎世、巴黎、东京、纽约股票市场注册上市。伦敦股票市场占据了世界外国股票市场营业额的一半，1988年其营业额为700亿美元，是纽约的1.5倍，东京的10倍。由此可以看出，英国股票市场国际化特别明显。

截至2017年4月底，在世界主要成熟证券市场中，英国伦敦证券交易所股票总市值为39265亿美元，世界排名第四，仅落后于纽约证券交易所、纳斯达克交易所和日本交易所。上市公司2492家，股票累计交易额7365亿美元，债券累计交易额695.90亿美元，IPO累计筹资额24.87亿美元。虽然伦敦证券交易所已不再具有往日霸主的辉煌，但是依旧处于世界证券市场一级梯队。截至2017年上半年，英国富时100指数为7312。

英国AIM市场在全球创业板市场表现不俗，截至2017年4月底，股票总市值为928.35亿英镑，上市公司总数967家。2017年6月底，英国AIM指数为966。

第 5 章

文献综述

与货币政策、通货膨胀和股票市场相关的理论和文献非常多，本章旨在对货币政策、通货膨胀和股票收益之间相互作用的文献进行回顾，特别强调货币政策公告对股票收益和波动的影响，通货膨胀与股票收益之间的短期和长期的关系。

5.1 货币政策与通货膨胀

费雪（1930）定义的利率为放弃今天商品和服务的消费，必须通过未来消费的增加来补偿，利率就是现在和将来之间交易的货币支付的保险费的百分比。由于投资者主要关注货币的购买力，因此将名义利率与实际利率和预期通货膨胀区分开来，还进一步假设，实际利率在很大程度上是独立的，于是产生了一个假设，即预期实际利率是由实际因素决定的，比如资本的生产率和储户的时间偏好，与预期通货膨胀无关。这个就是被称为"费雪假设"的利率，可以归纳为公式（5.1）。

$$r = (1 + r^e)(1 + P^e) - 1 \qquad (5.1)$$

其中，r 代表名义利率；r^e 代表预期实际利率；P^e 代表预期通货膨胀。

如公式（5.1）所示，名义利率的预期变化可能是预期实际利率或预期通货膨胀的变化导致的。实际利率通常随供给或需求的变化而变化，例如，对于一国经济而言，通货膨胀可能会由于投资、政府支出、货币政策和净出口等需求冲击的变动而变化，或者是由于工资、油价、食品价格和汇率等供给冲击的变动而变化。在这种情况下，高实际利率可能意味着经济迅速扩张、较高的政府赤字或货币供应紧缩。同时，高通货膨胀可能是经济快速扩张、政府赤字较高、货币供应快速扩张、高油价或来自需求或供应方面的其他冲击导致的（Bodie，1976）。因此，费雪假设表明货币政策和通货膨胀之间存在相互作用。

现有文献表明，货币政策影响通货膨胀。根据弗里德曼（1963）的观点，通货膨胀一直是一种货币现象，它表明货币增长与通货膨胀之间的关系。货币政策主要通过对利率的影响来影响宏观经济变量。中央银行使用货币政策工具来操纵货币供应和利率，并影响诸如产出、汇率和失业率等指标，从而影响通货膨胀和整体经济。因此，扩张性货币政策将鼓励投资和消费需求，导致通货膨胀上升，而紧缩性货币政策将使经济降温，从而降低通货膨胀。这一命题得到了大量实证研究的支持。例如，Lee（1992）研究了资产回报、实际活动和通货膨胀之间的因果关系与动态相互作用，并发现利率解释了通货膨胀的很大一部分变化。运用滚动 VAR 模型来研究股票价格、利率、通货膨胀和实际活动之间的关系，Park and Ratti（2000）发现货币政策影响通货膨胀。

大多数实证研究表明，当前的通货膨胀变化会导致预期通货膨胀变化，进而导致中央银行决算利率变化，即是否收紧或放松货币政策。费雪假设引发了关于实际利率或预期通货膨胀是否为推动名义利率变化的主要影响因素的激烈辩论，许多研究表明实际利率更稳定，因此名义利率的变化确实反映了预期通货膨胀的变化（Fama，1975；Fama and Schwert，1977；Evans and Lewis，1995；等等）。这意味着，鉴于实际利率在很长一段时间内是稳定的，名义利率的变化主要是由于预期通货膨胀的变化。因此，在没有税收的情况下，预期通货膨胀的变化会导致对应的名义利率变化，并且是一对一的改变，即百分之一的预期通货膨胀变化会导致百分之一的名义利率的变化。然而，一些研究（Pennachi，1991）认为名义利率比通货膨胀更不稳定，因此名义利率的变化主要是由实际利率的变化所导致。

然而还有一些研究没有支持辩论的任何一方，而是提出了一种更为复杂的情况，即名义利率的变化可能来自实际利率或预期通货膨胀，而且这种关系在不同的国家有所不同。Gupta and Moazzami（1996）测试了 11 个发达国家（包括澳大利亚、加拿大、法国、意大利、日本、荷兰、瑞典、英国和美国）的短期税前名义利率与预期通货膨胀之间的关系。他们发现：①除英国、瑞典和比利时外，其余所有国家都可以拒绝费雪关于预期通货膨胀系数为 1 的假设；②自 1980 年以来，除日本外，所有国家的实际利率都显著提高；③所有国家的短期通货膨胀预期变动对名义利率的影响显著异于 0。因此，Gupta and Moazzami（1996）认为，尽管实际利率大幅上升，但预期通货膨胀仍然与英国名义利率保持一对一的关系。这一发现也得到了 Granville and Mallick（2004）的支持，他们认为费雪假设在英国成立。

简而言之，学界对一个国家的预期通货膨胀和名义利率之间是否存在一对一的关系仍旧存在争议，但大多数实证研究表明两者之间至少存在某种正相关关系。对于英国市场，一些研究甚至提出一一对应的关系。因此，预期通货膨胀上升将导致名义利率相应增加，反之亦然。

5.2 货币政策对股票市场的影响

有不少研究关注公开市场操作、存款准备金率的变化、贴现率的调整或银行间隔夜拆借利率等货币政策工具运作对金融市场尤其是股票市场的影响。并采用了事件研究法，使用日内、每日或每周数据，衡量货币政策对股票市场收益的影响，也就是分析货币政策工具的宣告对股票收益水平或波动的影响。

现有的事件研究通常会在短期内考察一个货币事件的公告效应，从这个事件中，人们可以得到关于该事件对资产持有者财富的预期影响（Kothari and Warner, 2004）。现有证据表明，股票价格对公司控制、监管政策和宏观经济状况的公告存在反应，因为这些公告往往会影响基本面，例如宏观经济变量公告（Cutler, et al. , 1989; Campbell, et at. , 1997）。

然而，实证结果并不唯一。一些人认为货币政策对股票价格没有影响，例如：Goodhart and Smith（1985），MacDonald and Torrance（1987），Black（1987），Tarhan（1995）和 Serwa（2006）。但是有大量的研究表明货币政策公告显著影响股票市场，并且产生负向的影响，例如 Waud（1970），Berkman（1978），Lynge（1981），Cornell（1983），Pearce and Roley（1983，1985），Smirlock and Yawitz（1985），Tarhan（1987），Jensen and Johnson（1993，1995，1997），Thorbecke and Alami（1994），Thorbecke（1997），Lobon（2000），Madura（2000），Flannery and Protopapadakis（2002），Bomfim（2003），Guo（2004），Ehrmann and Fratzscher（2004），Bernanke and Kuttner（2005），Gregoriou 等（2006），Wongswan（2006），Bredin 等（2007），Chulia-Soler 等（2007）以及 Chang（2008）。还有一些研究介于两者之间，视样本周期而定。这类研究包括 Hafer（1986）和 Hardouvelis（1987），他们发现股票回报率与贴现率的关系可能是显著为负，也可能不显著，这取决于所选的样本周期。

现存的研究可分为两组：一组关注货币政策公告对股票收益水平的影响，另一组关注货币政策公告对股票市场波动的影响（Bomfim, 2003）。这两个不同的研究方向可以通过货币供应、贴现率、联邦基金利率目标（利率）、公开市场操作或其他非美国国家代理等货币政策工具进一步细分。在这些实证调查的基础上，最近出现了一些理论研究，试图为这种反应的解释提供理论基础。

5.2.1 实证研究结果

货币政策公告对股票收益水平影响的实证研究众多，这些实证分析的结果好坏参半。根据货币政策的不同代理，如货币供应量、贴现率、联邦基金利率目标、公开市场操作（Sellin，2001）或其他非美国国家代理，该领域的研究可分为以下几类。

大量研究将货币供应量作为货币政策的衡量标准，例如 Berkman（1978），Lynge（1981），Cornell（1983），Pearce and Roley（1983），Goodhart and Smith（1985），Tarhan（1987），Jain（1988）和 McQueen and Roley（1993）。Berkman（1978）将 M1 作为货币政策代理，发现每周货币供应量的意外增加会导致股票价格下跌，这意味着货币供应量增加对股票价格产生负面影响。Lynge（1981）也测试了 M1 的每周货币供应公告对美国股票价格的影响，并发现两者之间存在负相关关系，但是货币供应量预期与意外变化之间没有区别。Pearce and Roley（1983）也做了类似研究，他们发现股票价格只对货币供应量的意外变化做出反应，这与 Berkman（1978）的研究结论基本一致。McQueen and Roley（1993）拓展了先前的研究，以考察在不同的商业周期阶段，股票收益对 M1 公告的反应。研究表明，货币供应公告对标准普尔 500 指数产生了负面影响，特别是在商业周期的较高阶段，影响似乎更大。

基于日内数据而不是每日或每周数据的研究也能找到类似的证据。Jain（1988）采用 1978 年年初到 1984 年年底关于股票收益率的每时数据，研究 M1 对标准普尔 500 指数的影响并得出结论：货币供应量对股票价格产生负面影响，并且股票价格能够在一个小时内对货币供应量的变动做出快速反应。1979—1982 年，Tarhan（1987）对美国银行股票进行了研究，结果显示，这些银行股票的价格与货币供应量的意外变动呈负相关。

尽管有大量的证据支持这一效应，但一些研究并没有在 Goodhart and Smith（1985），以及 MacDonald and Torrance（1987）的研究中找到证据。他们在英国证券市场根据 M3 的供应量调查货币供应的影响，发现没有证据表明货币政策公告对英国股市产生影响，这与 Berkman（1978），Lynge（1981），Pearce and Roley（1983）针对美国案例的研究结果不一致。

一些研究使用贴现率的变化来衡量货币政策的变化。例如，Waud（1970）揭示了贴现率变化对股票市场的影响，研究结果表明在 1952—1967 年期间，贴现率公告对标准普尔指数形成了不利的影响。Smirlock and Yawitz（1985）在调查货币政策公告对股票收益率的影响的同时，将贴现率变动的预期部分和非预期部分分离，同时他们的研究结果证实了有效市场假说，即预期的贴现率变动因素不会影响股票市场，只有意外成分会对股票市场产生负面影响。Jensen and Johnson（1993）也测量了美国股票价格对贴现率公告的反应，但研究周期较长，从 1962—1990 年，其研究结果与之前的调查结果一致。他们发现，关于贴现率变化的新闻与股票价格呈负相关。贴现率的提高对股市来说是坏消息，而降息对股市而言则是好消息。有趣的是，他们还发现了预告效应，但几乎没有证据表明后宣布效应。

在进一步的研究中，Jensen and Johnson（1995）研究了贴现率提高和降低对股票市场的非对称影响。研究发现，相比较利空消息（即贴现率提高），股票市场在利好消息（即贴现率下降）之后有更好的反应。Jensen and Johnson（1997）还研究了行业对贴现率新闻的异质反应，主要采用 1968 年 8 月 16 日至 1991 年年底美国 17 个行业的每日指数，研究短期和长期股票收益率与贴现率公告的关系，研究发现高于平均回报的行业对资金支出和资金可用性的变化更敏感。相比之下，低于平均回报的行业对支出变化的敏感度较低，因为它们涉及的项目更有规律。

一些研究将联邦基金目标利率作为货币政策的代理，如 Thorbecke and Alami（1994），Thorbecke（1997），Ehrmann and Fratzscher（2004），Bernanke and Kuttner（2005），Gregoriou 等（2006），Serwa（2006），Chulia-Soler 等（2007），Bredin 等（2007）。Thorbecke and Alami（1994）研究了从 1974—1979 年，股票价格对联邦基金目标利率公告的反应，发现两者之间存在着强烈的负相关关系，这意味着货币紧缩（放松）消息会降低（提高）股票价格。Thorbecke（1997）运用各种实证方法研究货币政策冲击如何影响股票收益，主要研究从 1987 年 8 月 11 日到 1994 年 12 月 31 日道琼斯综合平均联邦基金目标利率对道琼斯工业平均指数的影响，研究结果表明，货币政策公告与股票收益之间存在显著负相关关系，因此这为货币扩张会增加股票回报提供了证据。

Ehrmann and Fratzscher（2004）也调查了联邦基金目标利率的非预期部分对不同行业和个别公司在公告发布日的每日收益的异质性影响。研究周期是 1994—2003 年，主要采用标准普尔 500 指数分别对 9 个行业板块和 60 个行业组织中出现的 500 只个股进行研究，研究发现周期性和资本密集型行业收益对货币政策的反应剧烈且为负。在经济上受到约束的公司对货币政策的反应要比不那么受约束的公司更大。Bernanke and Kuttner（2005）也研究了股市对联邦基金目标利率在总体和行业投资组合中公布的反应，主要采用向量自回归模型（VAR）来计算对联邦基金目标利率的预期修正，研究发现，股票收益与联邦基金目标利率之间存在显著的负相关关系，但基于行业的投资组合之间的关系存在差异。Chulia-Soler 等（2007）研究了标准普尔 100 指数收益对联邦基金目标利率的反应，主要采用 1997 年 5 月至 2006 年 11 月的日内数据，研究发现，联邦基金目标利率的非预期变动对美国市场产生影响，并且对股票市场的影响是非对称的。正面影响（紧缩性货币政策）比负面影响（宽松性货币政策）更为有效。此外，他们的研究表明不同行业对同样的变动有不同的反应，如金融行业和 IT 行业的反应最为强烈。

为了检验非美国案例，Gregoriou 等（2006）将英格兰银行的官方银行利率作为衡量英国货币政策的标准，并考察了英格兰银行利率公告对英国股市的影响。主要是将 GMM 方法应用于 1999 年 6 月至 2005 年 11 月的数据，研究表明，预期和非预期的利率公告都对英国股票收益率产生影响。在类似的研究中，Bredin 等（2007）使用富时指数日度数据和 16 个行业数据研究英国官方银行利率对英国股票利率的影响，研究结果显示突发的货币政策对总体股票市场回报和大多数行业产生负面影响。但在英国，这种总体市场影响要小于美国市场。更重要的是，研究还表明英国的货币政策对各个行业的影响不尽相同。

Serwa（2006）研究了公告效应对新兴市场而非成熟市场的影响，他采用异方差分析法，分析了自 1999 年 1 月 1 日至 2005 年 7 月 10 日期间波兰国家银行利率变动对股市的影响。研究结果表明，在公告日货币政策的变化对股票指数的影响为负，但其影响效应有限。

一些研究还利用中央银行公开市场操作作为代理变量。Tarhan（1995）解释称，公开市场操作有可能通过影响利率来影响资产价格。通过对日常公开市场操作对股票价格的影响的考察，他得出结论，即在 1979—1984 年期间，没有证据表明公开市场操作对美国股票价格产生影响。

部分研究分析了货币供应量和贴现率对股票价格的共同作用。Pearce and Roley（1985）分析了 1977—1982 年美国股票价格对货币供应量和美联储贴现率公告的反应，主要采用调查预测数据预测货币供应量和贴现率的预期变化，研究发现仅在 1979 年后，货币供应公告对整个样本期间的股票价格产生负面影响，贴现率也对股票收益产生负面影响。除此之外，他们没有发现与公告延迟效应相关的证据。

Hafer（1986）分析了股票市场对 M1 和贴现率公告在三个不同时期的反应，即 1979 年之前、1979—1982 年和 1982 年之后，并且将整个股票市场和行业水平的反应都考虑在内。他运用调查预测数据来预测货币供应量和贴现率的预期组成部分，发现货币供给突发变动对所有样本时期的总体股票价格和行业指数都产生负面影响。然而，在 1979 年之前和 1982 年之后，贴现率对股票价格的公告效应不显著，而在 1979—1982 年期间，影响显著为负。此外，他还揭示了货币供应量对股票价格的不对称影响，其中货币供应量的正面突发变化（坏消息）可以忽略不计，货币供应量的负面突发变化（好消息）影响效果不显著。

Hardouvelis（1987）使用货币供应量和贴现率作为货币政策的代理，来研究在 1982 年之前和 1982 年以后货币政策对股票价格的公告效应。与 Hafer

（1986）结论相一致，他发现货币供应量的突发变化对整个样本期间的股票价格产生了强烈的负面影响，而贴现率仅在 1982 年之前对股票价格产生负面影响。

研究人员也曾试图调查联邦基金目标利率和贴现率变化对股票价格的影响。Tarhan（1987）考察了银行股票对货币供应量变动的影响。Thorbecke（1997）测试银行股票对贴现利率公告的反应。Madura（2000）评估了 1974 年 9 月 20 日到 1996 年 12 月 31 日商业银行的股票价格对联邦基金目标利率和贴现率变化的反应，他发现利率与银行股价之间存在负相关关系，货币政策的放松（如利好消息）对银行股价产生负面影响，而货币政策的收紧（如利空消息）则仅有微弱的负面效应。此外，他还指出，大型银行对宽松性货币政策的反应强于小型银行。

与以往研究不同的是，近期的研究主要集中于宣告对股票收益率波动的影响。Flannery and Protopapadakis（2002）使用 GARCH 模型检验了 17 个宏观经济因素的影响，包括货币供应量（M1、M2）对美国股票波动的影响，研究发现，在 1980—1996 年期间，货币供应量（M1）影响股票的波动率。

Lobon（2000）利用非对称自回归指数 GARCH 模型，以 1990—1998 年为样本期间，考虑股票价格波动对联邦基金目标利率变化的反应。研究发现在股票价格随着政策变动而调整的过程中出现了不对称性，因为股价对价格过高的消息（利空消息）的反应要快于价格偏低的消息（利好消息）。在一项类似的研究中，Bomfim（2003）表示，预先公告的影响主要发生在 1994 年以后，而货币决策往往会在公告当天加剧股票市场的动荡。他发现了另一种形式的货币信息不对称效应的证据。正面变动（利空消息）往往比负面变动（利好消息）对股市波动的影响更大。Guo（2004）认为不对称效应的存在，主要是因为小公司的留存收益通常较低，且较大型企业更容易受到不利的流动性冲击。由于流动性状态的变化导致了经济的扩张，这种不对称效应在经济衰退时期比经济扩张时期更为显著。在 1974—1979 年和 1988—2000 年两个时期，采用美国市场每日价值加权和平均加权市场投资组合的回报率进行研究，发现在 1974—1979 年美国经济衰退期间，小型公司的股票价格对突发的货币供给量变动的反应更加消极，但在 1988—2000 年美国经济扩张时期这种不对称效应并不存在。Chulia-Soler 等（2007）通过使用 60 分钟窗口的 5 分钟频率来估计日内股票收益率的波动性，同时也考察了美国联邦基金目标利率公告对标准普尔 100 波动率的影响。他们声称，联邦基金目标利率将增加美国股市的波动性，而坏消息对波动性的影响大于好消息。

关于非美国市场的证据，Chang（2008）开发了一个扩展 GJR - GARCH（1，1）模型，用来估计台湾股市波动对货币政策公告的反应。从 1995 年 1

月到 2007 年 10 月，利用市场指数和 22 个工业指数的每日股票回报率进行研究，发现整个市场和大多数行业的反应都很明显。因此，其结论是，台湾的货币政策公告对台湾股市波动产生了非对称性影响。

其他一些研究没有对同一国家的货币政策和股票市场进行调查，而是提供了发达国家货币政策公告对发展中国家股市波动影响的证据。Bredin 等 (2005) 主要运用 1989 年 6 月到 2003 年 6 月的日度数据，研究了爱尔兰股市波动对美国联邦基金目标利率的反应。研究结果显示爱尔兰股市波动受到美国货币政策公告的影响，其影响是不对称的。负面的货币政策公告将降低爱尔兰股市的波动，而正面的货币政策公告将增加爱尔兰股市的波动。Wong-swan (2006) 考察了美国和日本宏观经济公告对韩国和泰国股市波动的影响，使用 1995 年 1 月至 2000 年 12 月期间的高频交易数据，并比较了不同 GARCH 模型的结果，研究没有发现美国联邦基金目标利率公告对韩国和泰国股市波动产生影响。然而研究证据表明，日本的货币政策公告对韩国股市的波动有着巨大而显著的影响。

此外，还有一些研究没有发现货币政策公告对股市波动影响的证据。Rangel (2006) 基于 GARCH 模型与泊松跳跃过程，考察了宏观经济公告对美国股市波动的影响。他利用 1992—2003 年的标准普尔 500 指数的日度数据，发现美国联邦基金目标利率公告对美国股市的条件波动影响甚微，也没有证据表明存在不对称效应。

5.2.2 原因分析

货币政策的非预期变动被普遍认为，并经实证研究证实会对股市产生重大影响。为了阐明这一影响，Cornell (1983) 提出了四种合理的解释：①预期通货膨胀假设：货币政策的变化会影响预期通货膨胀，进而影响税后实际利润，从而导致股票收益变化；②凯恩斯假设：其假设利率会立即对货币政策的变化做出反应，因为在积极的货币供应冲击后，代理商将预计货币政策收紧，反之亦然；③真实经济活动假设：这表明一个积极的货币供应冲击会影响未来的货币需求，这可能是由于预期未来产出会增加，从而导致预期未来现金流上升；④风险溢价假设：其认为高于预期的货币供给会增加风险，导致股票风险溢价上升。Hardouvelis (1987) 认为，股票市场会对货币政策的变化做出反应，主要是因为它们可能会导致通货膨胀和利率变化，这与预期通货膨胀假设和凯恩斯假设相一致。

这里有三种方式可以解释货币政策的非预期变动对股市的影响，且其与 Cornell (1983)，Bernanke and Kuttner (2005) 的研究相一致：①积极的货币政策可能会降低未来预期派息；②积极的货币政策可能提高预期实际利率；

③积极的货币政策增加股票预期超额收益（股票溢价）。他们主要运用 VAR
模型，获取代理对未来预期股息、预期实际利率和股票预期超额收益的影响，
研究发现货币政策对股票股票预期预期超额收益和预期未来股息产生影响，
但对实际利率影响较小。Bredin 等（2007）也研究了货币政策对英国市场的
影响路径。研究发现，股票预期超额收益是货币政策对股市回报影响的主要
原因。对传统行业来说，这一趋势更为强劲，这在一定程度上与 Bernanke and
Kuttner（2005）的研究结果一致。

5.3　通货膨胀对股票市场的影响

公式（5.1）中的费雪假设表明，名义利率应该与预期通货膨胀的变化一
一对应，因此，预期的名义收益率包含市场对预期通货膨胀的评估，可以应
用于有效市场假设下的所有资产，这意味着在有效市场中，资产的预期期望
收益是均衡预期实际收益与预期通货膨胀之和（Fama and Schwert，1977）。对
于普通股票而言，费雪假设预测了普通股票收益率与通货膨胀之间的一一对
应正相关关系，因为普通股代表实际资产应该独立于商品价格的变化，表现
为通货膨胀，所以普通股也应该与预期通货膨胀一一对应，并完全对冲预期
通货膨胀（Bodie，1976）。

进一步扩展费雪假设，可以发现实际名义收益是由预期的名义收益和非
预期的名义收益构成。非预期的回报可以进一步被分解为非预期的实际回报
和非预期的通货膨胀。这个扩展的费雪假设反映在许多研究中，例如 Nelson
（1976），Bodie（1976），Jaffe and Mandelker（1976），Fama and Schwert
（1977），Peel and Pope（1985，1988）对扩展理论进行了一般性的描述，如公
式（5.2）所示。根据 Peel and Pope（1988）的理论，普通股的名义收益率是
实际收益率（预期和非预期）和通货膨胀（预期和非预期）的函数。

$$S_t = r_t^e + p_t^e + r_t^u + p_t^u \qquad (5.2)$$

其中，S_t 代表股票名义收益率；r_t^e 代表预期实际收益率；r_t^u 代表非预期实际收
益；p_t^e 代表预期通货膨胀率；p_t^u 代表非预期通货膨胀。

因此，如果费雪假设中包含了非预期通货膨胀，那么它的系数 p_t^u 应该等
于预期通货膨胀 p_t^e 的系数，并假定为 1。因此，普通股收益应与通货膨胀呈正
相关关系，并对冲非预期通货膨胀。

但是，这种一对一的关系只能从长远来看。在短期内，这种关系可能是
不明确的。这种理论上的非预期通货膨胀与股票收益之间的关系也可以用贴
现现金流量模型来解释，如公式（5.3）所示。公司的内在价值应该保留，如

果现金流变化（如由于分子中通货膨胀的变化，使得价格的变化传递给消费者），其将通过贴现率的变化进行调整，以补偿股东在分母中购买力的变化（Jaffe and Mandelker，1976；Adams，et al.，2004；Bodie，1976）。

$$V = C^e / R \qquad (5.3)$$

其中，V 代表公司内在价值；C^e 代表预期现金流；R 代表贴现率。

正如 Campbell and Shiller（1988）所解释的那样，虽然非预期的高通货膨胀可能会增加贴现率，导致较低的收益率，并增加未来股利从而增加收益，但未来现金流的价格弹性并不一定等于 1，这造成了短期内非预期通货膨胀对股价影响的不确定性。

因此，股票收益与非预期通货膨胀之间的理论关系在长期看来应该是正向的，但在短期看来是不确定的。然而，实证结果比理论预测要复杂得多，相关文献中提供的证据是混杂的。虽然有些研究认为这种关系是正向的，但也有一些研究认为这种关系是反向的或中性的。

相应的实证研究主要分为三类：①使用日内或每日的数据进行事件研究；②使用月度或季度数据进行短期研究；③使用年度数据进行长期研究，并且可以应用长期协整分析。从事件研究来看，有相关证据表明非预期通货膨胀公告对股票收益有负面（或微不足道）的影响。Schwert（1981），Cutler 等（1989），Pearce and Roley（1985），Jain（1988），McQueen and Roley（1993），Flannery and Protopapadakis（2002），Graham 等（2003）和 Adams 等（2004）都发现通货膨胀消息对股票收益有显著的负面影响。但 Joyce and Read（2002）发现非预期通货膨胀在英国市场的零售物价指数发布日对股价的影响不显著。

从短期研究来看，大量研究记录了股票收益与通货膨胀之间的横截面负相关关系。例如 Bodie（1976），Nelson（1976），Jaffe and Mandelker（1976），Fama and Schwert（1977），French 等（1983），Geske and Roll（1983），James 等（1985），Kaul（1987，1990），Peel and Pope（1988），Lee（1992），Graham（1996），Hess and Lee（1999），Pilotte（2003）以及 Osamah（2003），他们都发现普通股收益与通货膨胀呈负相关。但是，一些短期研究表明，时间周期不同，国家不同，甚至行业不同，其反向或正向（或微不足道）关系都会有所不同。Boudoukh and Richardson（1993）发现，通货膨胀与股票收益的关系存在敏感范围。Gultekin（1983）发现，通货膨胀与股票收益的关系在不同国家也各不相同。

从长期研究来看，大多数研究发现通货膨胀与股票收益之间存在正相关关系，而另一些研究则呈现出参差不齐的结果（Boudoukh，et al.，1994；Schotman and Schweitzer，2000；Engsted and Tanggaard，2002；Wong and Wu，

2003；Kim and In，2005）。同样，Ryan（2006），Ely and Robinson（1997），Anari and Kolari（2001）以及 Luintel and Paudyal（2006）在协整框架下考察了通货膨胀和股票收益之间的长期关系，发现商品价格弹性大于1。然而，Ahmed and Cardinale（2005）在协整框架下也发现，美国、英国、德国和日本的结果是复杂的，对数据范围和选择的滞后长度较为敏感。Laopodis（2006）使用双变量和多变量向量自回归协整方法，只发现通货膨胀与股票收益之间存在较弱的负相关关系。

因此，目前的文献尚未能就通货膨胀和股票收益的关系提供有效的结论。越来越多的证据表明这种关系是复杂的，可能是正向的、反向的或中立的。由于大量证据表明通货膨胀和股票收益之间存在负相关关系，这与费雪假设预测的结果不一致，使得学者们提出了以下几种理论方法来解释这个"异常现象"。

5.3.1　事件研究假设

根据有效市场假说，包括预期通货膨胀在内的所有相关信息都要充分体现在股价上。所以只有通货膨胀的非预期成分才会影响资产价格（Bodie，1976）。虽然理论模型，如贴现现金流量模型表明短期内非预期通货膨胀和股票收益之间的关系是不明确的，但大多数实证研究表明，非预期通货膨胀对股票收益的影响是负面的（或微不足道的）。政策预期假说（PAH）和通货膨胀预期假说（EIH）被提出用来解释这种负相关关系，且两者都认为，非预期通货膨胀与股票收益之间的关系比贴现现金流量模型更为复杂，这主要是因为这种关系的建立取决于投资者的期望，且存在很多不同的方式将它们联系起来。

Joyce and Read（2002）的解释表明，政策预期假说意味着当前高于预期的通货膨胀会影响投资者预期，使得政府将实施紧缩的货币政策或削减财政支出以抵消通货膨胀的上涨。然而这些政策会阻碍投资和消费需求，导致资产的短期实际收益增加。因此，一方面，在通货膨胀压力下货币政策收紧带来的较高实际利率，将直接导致贴现率较高，未来现金流量增加。另一方面，较高的实际利率会对实际产出产生不利影响，导致未来现金流量下降。因此，由于贴现率较高，股价在未来现金流量没有增加甚至减少的情况将下降。

Joyce and Read（2002）通过通货膨胀预期假说认为，由于政府可能不会承诺具体的通货膨胀目标，当前高于预期的通货膨胀会增加投资者未来的预期通货膨胀，因此通货膨胀消息对当前的通货膨胀压力没有影响，只是预示未来的通货膨胀较高。投资者面对较高的预期通货膨胀将提高贴现率，但随后会减少未来现金流，故税后实际股息将减少，导致股价下降。在这个框架中，他们调查了英国各种资产价格在同一天对每月 RPI 通货膨胀公告的反应，并发现隐含的中长期通货膨胀的反应，研究表明，英国的货币政策不完全可信。

5.3.2 短期、长期研究假设

为了解释通货膨胀与股票收益之间负相关的异常现象，现有的研究主要提出了八大理论：①代理假设（Fama，1981），按照费雪假设，实物和货币部门的因果关系独立；②在检验通货膨胀和股票收益关系时，货币被视为资产的一般均衡模型；③税收效应假说，假设税收制度与通货膨胀之间的相互作用影响股票价格（Feldstein，1980）；④Modigliani and Cohn（1979）提出货币幻觉假说，以非理性的投资者和低效率市场作为解释；⑤名义合同假说，表明通货膨胀突然将财富从名义合约持有者手中转移到实际合约持有者手中（Kessel，1956）；⑥Lintner（1975）提出资本管理假说；⑦增税假说，表明名义股票收益必须超过通货膨胀，以补偿纳税投资者（Anari and Kolari，2001；Luintel and Paudyal，2006）；⑧Jovanovic and Ueda（1998）提出代理问题假说。其中前五个理论被广泛讨论，下面我们进行详细的回顾。

1. 代理假设

Fama（1981）提出的代理假设是通货膨胀与股票收益关系的主要解释之一。它表明，通货膨胀与实际产出之间的负相关关系从根本上决定了股票价格，代理效应导致通货膨胀与股票收益之间的负相关关系，当假设实际活动独立于货币部门时（Fisher，1930），Fama（1981）发现，通货膨胀与股票收益间的反向关系是两个基本关系的结果：股票收益与实际活动的关系，以及实际活动与通货膨胀的关系，这可以结合货币需求理论来解释。为了支持费雪假设，他提出，如果将真实活动和通货膨胀都作为真实股票收益的解释变量，通货膨胀就会失去解释力。因此，他认为通货膨胀与股票收益之间的负向关系是股票收益与实际活动之间正向关系的代表。

大量的后续研究对代理假设进行了实证检验，或者建议加入额外的变量，如货币政策或利率，这可以在解释通货膨胀与股票收益的负向关系中提供代理效应的作用。这些研究扩展了 Fama 的假设，通货膨胀和股票收益之间的唯一联系是真实的活动。Geske and Roll（1983）从货币需求理论的角度解释了这种负相关关系。他们认为，投资者在意识到实际产出的外部冲击时，会调整股票价格，股票市场发出信号，诱发税收收入变化、赤字和一系列事件，导致货币扩张速度加快。因此，股票收益与预期通货膨胀的同期变化呈负相关。但他们认为股票收益发出预期通货膨胀信号与 Fama 对通货膨胀—股票收益间的因果关系方向的解释是相反的。应用 ARIMA 模型分别测试每个假设的关系，发现结果与 Fama（1981）关于股票收益预期实际活动变化的说法是一致的，但通货膨胀与实际活动之间的关系归咎于政府赤字和中央银行的债务货币化，因此政府收入的变化被认为与实际活动的变化相反，通货膨胀是由基础货币增长率引起的。因此，当投资者预期实际活动发生变化并调整股价时，股票收益就预示着预期通货膨胀的变化。Solnik（1983）与 Geske and Roll（1983）一致认为，股票价格的上涨表明通货膨胀预期的调整是负面的，并且对 9 个国家中的一些国家的实际利率影响较弱。这一解释也得到了 James 等（1985）的支持。他们主要使用 VAR 模型分析股票收益、实际产出和名义利率之间的因果关系，发现在预期通货膨胀的信号变动时股票收益变动，也发现股票收益、实际活动和基础货币的增长率之间的密切联系，因此实际活动和货币供应增长的变化对预测通货膨胀的变化十分重要。

然而，Lee（1992）质疑 James 等（1985）提出的模型有效性，主要是因为 James 等（1985）的研究缺乏利率的单独作用，然而这可能是一个非常重要的变量。因此 Lee（1992）研究了资产收益率、实际活动和通货膨胀之间的因果关系与动态相互作用，并将多元 VAR 模型应用于战后的美国数据。最后他表明，如果利率包含在模型中，股票收益解释了通货膨胀的微小变化，这与 Geske and Roll（1983）和 James 等（1985）的研究结果相反。在他的研究中，利率解释了通货膨胀的变化，这意味着实际活动的变化太小，这与 Fama（1981）认为的实际活动与通货膨胀之间的关系相反。Domian 等（1996）发现利率/通货膨胀与股票收益之间的负相关关系几乎完全是由于利率下降和股票收益增加之间在统计上和经济上显著的关系，这与 Geske and Roll（1983）的研究结果相反。Kim（2003）使用对称和非对称格兰杰因果关系的新方法对 1970—1999 年的德国数据进行了研究，考察了股票收益与通货膨胀之间以及股票收益与 GDP 增长率之间的因果关系。其研究中的经验证据证实了代理假设，并进一步表明，股票收益的指示性作用可能是不对称的，是 GDP 增长率的格兰杰因果关系。通货膨胀变化的绝对规模在通货膨胀—股票收益关系中起关键作用，GDP 变动在股票收益率—GDP 回归中起关键作用。Adrangi 等（1999）和 Adrangi and Chatrath（2000）利用 Johansen 和 Juselius 协整检验对韩国、墨西哥或巴西等新兴市场的这种关系进行了调查，以验证股票价格、总体价格水平和实际活动之间的长期均衡。他们发现，对韩国和巴西而言，实际股票收益和非预期通货膨胀之间的负相关关系，在清除了实际活动影响的通货膨胀之后依然存在，但对于墨西哥不成立。股票价格和总体价格水平与实际活动之间具有很强的长期均衡性，支持了 Fama 的代理假设。

2. 一般均衡模型

此外，Kaul（1987，1990）基于 Fama（1981）和 Geske and Roll（1983）

的研究，认为通货膨胀与股票收益之间的负相关关系取决于货币部门的均衡过程。他声称通货膨胀—股票收益之间的负相关关系是由赤字引起的反周期货币政策与货币需求相互作用。Kaul（1987）认为，通货膨胀与股票收益的关系可以是积极的，也可以是消极的，这取决于反周期货币政策和顺周期货币政策。他提供了大萧条期间正向关系的证据，以及"二战"后反向关系的证据。通过"二战"后期提供的更多证据，Kaul（1990）表明，股票收益与通货膨胀的负向关系因货币供给制度而异。而与货币供给制度相比，在利率制度期间，股票收益与通货膨胀的负向关系更强。Park and Ratti（2000）为Kaul（1987）的研究提供了强有力的支持，并证实了反周期货币政策在解释通货膨胀与股票收益之间负相关关系中的关键作用。Graham（1996）发现通货膨胀和股票收益之间的关系是不稳定的，这种关系在1976年之前和1982年之后是负的，但在这些年之间是正的，导致货币政策从1976年的反周期货币政策转向顺周期货币政策，并在1982年回到反周期货币政策。他还指出，当通货膨胀的可变性与实际产出增长率的可变性有关时，格兰杰原因通货膨胀不会在反周期货币政策的负向关系中出现，而是在顺周期货币政策的负向关系中出现，这表明观察到的实际通货膨胀与股票收益的负向关系是虚假的，并支持代理假设。Gallagher and Taylor（2002）基于通货膨胀源于供给冲击会对股票收益产生影响的理论，发展了一个理论模型来推导代理假设的可检验含义。由于部分通货膨胀是由供给冲击所带来的，其将在实际活动中代表预期的未来走势，而需求冲击几乎对通货膨胀较少或没有影响。通过多元创新分解，他们发现，由于供给冲击，实际股票收益与通货膨胀之间存在强烈的负相关关系，而实际股票收益与因需求冲击而导致的通货膨胀没有显著相关性，这为美国市场的代理假设问题提供了有力的证据。

Boudoukh等（1994）指出，Fama的代理假设和随后的研究只检验代理假设所提出的因果关系，只是对通货膨胀与股票收益之间的关系进行了定性描述。为了提供一个具体的模型来解释费雪在货币中性假设下的通货膨胀与股票收益的关系，Boudoukh等（1994）既提供了股票收益与通货膨胀之间的横截面关系的理论基础，又提供了不同行业的实证证据。他们的模型并不依赖于放弃实际和货币部门因果关系独立的假设，而是允许预期通货膨胀成为未来实际利率预期的部分代理。他们的研究结果表明，股票收益与预期通货膨胀之间的关系不是统一的，这取决于股票预期股利增长率与经济中整体预期通货膨胀之间的相关性。他们解释说，公式（5.4）中描述股票收益与预期通货膨胀之间关系的系数可能不为1，甚至可能为负，因为它取决于预期股利增长率与经济中整体预期通货膨胀之间的相关性。①如果 $\rho_{g\pi} < 0$（即预期股利增长率与预期通货膨胀呈负相关），则 $\lambda < 1$；②如果 $\rho_{g\pi} < -\delta_{\pi}/\delta_{g}$，则 $\lambda < 0$。

$$\lambda = 1 + \frac{\rho_{g\pi}\delta_g}{\delta_\pi} \tag{5.4}$$

其中，λ 是预期通货膨胀和股票收益的系数；$\rho_{g\pi}$ 是股利增长的条件期望与预期通货膨胀的无条件相关性；δ_g 是预期产出增长的标准差；δ_π 是预期通货膨胀的标准差。

由于不同行业在经济周期中受到不同的影响，可使用上述模型分析不同预期增长率下的不同行业股票的收益来预测预期通货膨胀系数的变化。通过对美国股票市场进行实证检验，研究发现其与周期性行业股票收益率呈正相关关系，但在短时间内与周期性行业股票收益率呈负相关关系，在长期水平上存在正相关关系。

Boudoukh 等（1994）进一步研究发现，通货膨胀与产出间的关系不能解释通货膨胀与股票收益关系的所有截面差异，并且时变实际价格/股息比率也会影响这种关系。Pilotte（2003）认为通货膨胀也代表实际价格/股息比率的变化，他还从股息收益率和资本收益率这两个方面关注通货膨胀与股票收益关系的差异。通过考察美国市场和国外市场，表明股息和资本利得与通货膨胀有着不同的联系。资本利得与通货膨胀存在负相关关系，股息与通货膨胀存在正相关关系。此外他还解释，总收益和通货膨胀之间的普遍负相关关系是由实际价格/股息比率与预期通货膨胀之间的负相关关系所引起的。代理假设的另一个支撑来自新兴市场。Osamah（2003）调查了 9 个国家的费雪效应，发现在这 9 个国家的 2 次预期通货膨胀估计中，通货膨胀与股票收益之间呈负相关关系，且没有显著的正系数。在用 VAR 方法检验它们之间的因果关系后，他认为股票收益和通货膨胀之间没有单向的因果关系，这主要是由于缺少股票收益对通货膨胀的反向回应或通货膨胀对股票收益的反向回应。因此，这种观点更可能支持 Fama（1981）的代理假设，即代理效应反映了通货膨胀与超额收益之间的正相关关系。

最近的一些实证研究认为，即使预期的收入增长（实际活动）也适用于通货膨胀与股票收益关系的估计，费雪假设并不成立。Wei and Wong（1992）表明，包含未来的实际活动消除了股票收益与预期通货膨胀之间虚假的负相关关系。但是，这并没有消除股票收益和非预期通货膨胀之间的关系。Liu 等（1993）使用来自 4 个工业化国家的特定模型和数据，对代理假设的 3 个命题做了一次更全面的检验。他们的结果不支持代理假设，因为他们只发现预期通货膨胀与预期实际活动之间的负相关关系，而实际股票收益与预期实际活动之间的关系并不显著。

Cochran and Defina（1993）的研究表明，通货膨胀不仅仅代表未来实际产出的变化，且股票价格的不确定性对预期的未来产出没有显著影响，因为通货膨胀代表了股价与实际变量之间更基本的关系。他们还进一步提出，通货膨胀对实际股票价格有显著的短期负面影响，并且拒绝各种形式的代理假设。同样，Balduzzi（1995）表明，在 VAMs 模型中使用协方差分析来检验代理假设时，通货膨胀方面的创新占了通货膨胀和股票收益之间负协方差的大部分。他还进一步指出，通货膨胀和股票收益在利率冲击下呈现强烈的负相关性。Caporale and Jung（1997）也提供了反对代理假设的证据。他们通过使用较长期限的样本，发现通货膨胀、产出增长的实际和突发变动影响股票价格。他们表明，即使控制了预期和非预期实际产出增长的影响之后，预期通货膨胀的影响仍然是负的，这意味着通货膨胀与股票收益的负相关关系是一个重要的实证现象。然而，与之前的研究相反，Madsen（2005）认为供应冲击变量需要包含在费雪假设的检验中，否则预期通货膨胀系数可能会因为供应冲击变量同时影响通货膨胀和实际利润而下降。他提供了支持代理假设的证据，并表明费雪假设不能在常规的显著水平上被拒绝，并且结果对于不同的供给因素度量均是稳健的。

检验代理假设的模型大多遵循 Fama 的研究，即货币需求、实际活动和利率相对于价格水平是外生的，且估计的系数表明了它们之间的关系。例如，Geske and Roll（1983），James 等（1985），Kaul（1987）提出了货币政策的影响，并估计了股票收益、通货膨胀、国民生产总值和货币增长之间的回归关系。Lee（1992）使用 VAR 来研究资产收益、实际活动、通货膨胀和利率之间的因果关系。Boudoukh and Richardson（1993）根据预期通货膨胀和反映潜在股价的实际变量进行了一般回归来获取预期股票收益。

其他研究人员也建立了自己的模型来直接估计股票收益和通货膨胀之间的关系。Kaul（1990）在回归中加入货币政策机制的虚拟变量。Pilotte（2003）将股票收益区分为股息收益和资本收益两部分，并直接估计这些成分与预期通货膨胀之间的系数。代理假设以及在解释通货膨胀—股票收益关系时所使用的主流模型，仍然是进行实证研究时非常流行的工具。

以货币作为资产的一般均衡模型被用来解释通货膨胀与股票收益的关系。与代理假设不同，一般均衡模型假设实际活动与货币部门之间没有关系，基于一般均衡模型的理论分析将货币当作资产，表明货币的价值与包括股票在内的其他资产同时被决定（Ely and Robinson，1997）。在这种方法中，货币在一般均衡模型中起作用，从而使价格水平和通货膨胀与股价一起内生化。目前，货币作为资产进入一般均衡模型有四种途径：①通过在一般均衡模型中提供交易服务的作用；②通过提供真实货币余额作为代理人效用函数的参数；③通过预先约束来强加货币需求；④作为风险厌恶者的投资组合选择对象（Danthine and Donaldson，1986）。

Danthine and Donaldson（1986）考虑了通货膨胀、货币增长和股票价格之间的一般均衡关系，将真实货币余额作为代理人效用函数的一个参数引入，以解释为什么实际收益率与通货膨胀率呈现负相关关系。在他们的模型中，高预期通货膨胀通过降低随时间推移的货币余额的购买力来减少财富，进而降低预期股票的实际回报。因此，收益率和通货膨胀率并不是相互独立的，普通股不能很好地对冲非货币通货膨胀，而是提供长期的完全保护来对抗纯货币通货膨胀。许多其他理论的分析与 Danthine and Donaldson（1986）的结论是一致的。Stulz（1986）认为，预期的实际股票收益率与货币增长呈负相关。通过将资金作为风险厌恶者的投资组合选择对象，他提供了一个均衡模型，表明如果由于投资机会集合恶化而导致预期通货膨胀上升，风险资产市场投资组合的预期实际回报率可能比实际利率下降更多，而如果通货膨胀率因货币增长而增加，则可能会下降较少。因此，当通货膨胀来源与非货币部门更为相关时，股票收益可能与通货膨胀呈负相关。但是，他的研究只提供了理论上的解释，缺乏与理论相符的实证研究。

许多研究为需求和供给冲击在决定通货膨胀与股票收益关系的重要性提供了进一步的解释。他们认为，供给冲击导致通货膨胀和股票收益间的负相关关系，而需求冲击则产生正相关关系。因此，实际关系取决于需求和供给冲击的相对重要性。Marshall（1992）拓展了 Stulz（1986）关于实际资产收益、通货膨胀和货币增长间的共同运动的研究，并通过预付现金约束在她的模型中引入了货币。为了弄清通货膨胀、货币需求与资产回报之间的负相关关系是否足够大，足以与数据相匹配，Marshall 建议区分通货膨胀的来源，并调查货币经济中预期收益与预期通货膨胀之间的负相关关系，其中通货膨胀波动是两种来源即实际经济活动的波动和货币条件的综合结果。但是，Marshall 的模型只关注股票市场价格的确定，而不是关于变量变化的经济学解释。Bakshi and Chen（1996）提供了一个经济理论来解释为什么通货膨胀可以是货币的和部分非货币的，进而支持了 Marshall 的观点。他们在资产定价模型中将货币定义为消费交易的角色，以研究价格水平、通货膨胀率、资产价格，以及无论是实际的还是名义的利率期限结构的内生性和同步定价。这一模型为了解实际经济活动和货币变量的变化如何影响通货膨胀与股票价格提供了一种方法。

对 Marshall（1992）的结论进一步研究后发现，通货膨胀的来源与非货币因素（实际经济活动）有关。Hess and Lee（1999）认为，货币和非货币冲击都会对此产生影响，与马歇尔的通货膨胀观点一致，他们运用结构性宏观经济模型来区分两种冲击对通货膨胀的影响，其中由于实际产出冲击造成的供给冲击将导致股票收益与通货膨胀之间的负相关关系，而货币冲击导致的需求冲击将导致股票收益与通货膨胀之间的正相关关系。同时将 VAR 模型应用于 4 个国家的股票市场数据，发现股票收益与非预期通货膨胀之间的关系既不是正面的也不是负面的，并且在不同货币制度的国家中结果不同，这主要取决于通货膨胀的来源，以及供给冲击与需求冲击的相对重要性。

然而，Ely and Robinson（1997）认为，从长期来看，在实际经济和货币冲击下，股票相对于商品的价格保持不变，与 Marshall（1992），Hess and Lee（1999）认为实际经济和货币冲击会对通货膨胀—股票收益产生反向影响的结论相反。尽管他们同样认为在估计股价是否相对于商品价格保持其价值时应该考虑通货膨胀的来源。他们认为股票可以对冲通货膨胀，与费雪假设一致，在考察了国际市场上股票价格和商品价格之间的长期关系之后，通过使用向量误差修正模型来捕捉这种长期关系。

Marshall（1922）通过现金预付来强加货币需求，认为货币降低了消费交易的成本，此时假设汇款是在期初进行的，代理人可以立即使用这笔钱进行交易。因此，他的模型既有金钱成分（通货膨胀）也有非金钱成分（边际交易成本节约，用代理人的消费和金钱衡量）。在估计了收益和货币两个系数的比率与方向之后，他解释了受产出增长或货币增长影响的两个组成部分的股票收益与通货膨胀之间的关系。与马歇尔一样，Hess and Lee（1999）基于几种宏观经济模型，假设货币会影响价格和生产率，直接估计了供给冲击和需求冲击及其对产出和通货膨胀的影响。然后研究价格变动与两次冲击之间的关系，以及通货膨胀变化与两次冲击之间的关系。通过把这两次冲击联系起来，就可以解释股票收益与通货膨胀之间的关系。

比较前一部分的代理假设的可测试模型和本节的一般均衡模型，它们之间的差异是：基于代理假设的可测试模型假设存在外生影响因素，而一般均衡模型假设货币在确定股票价格时是内生的。然而，由于一般均衡模型表明货币部门和实体部门存在相互作用，这与费雪假设相矛盾，所以总是受到其他研究的批评，如 Boudoukh 等（1994）。

3. 税收效应假说

Feldstein（1980）提出的税收效应假说是通货膨胀与股票收益呈负向关系的重要解释之一。Feldstein（1980）指出，通货膨胀与股票收益之间的负向关系不是由其他相关的经济事件造成的，而是由税收制度的基本特征，特别是历史成本折旧和名义资本收益税收造成的。这是因为，公司按报告的利润纳税，因此随着报告利润增加税收上升，导致实际利润的实际税率上升。因此当价格上涨时，历史成本的折旧方法导致折旧的实际价值下降，实际应税利润增加，即企业所得税的实际净利润随通货膨胀而变化。进而可以看出税收制度与通货膨胀之间的相互作用抑制了股东的回报，因此 Feldstein（1980）

使用一般股票估值模型，如公式（5.5）、公式（5.6）、公式（5.7）所示，推导出投资者在不同税收情况下所需的资产，并表明由于现行税收规则导致应税收入预测增长速度快于实际通货膨胀率，使得通货膨胀可以大大降低均衡股票价值。

$$\text{每股实际净利润} = (1 - \theta)\left[(1 - \tau)\rho - \lambda\pi\right] - c\pi q \tag{5.5}$$

$$q = \frac{(1 - \theta)\left[(1 - \tau)\rho - \lambda\pi\right]}{(1 - \theta)r - (1 - c)\pi + \delta} \tag{5.6}$$

$$\frac{\mathrm{d}q}{\mathrm{d}\pi} = \frac{-(1 - \theta)\lambda + q(\theta - c)}{(1 - \theta)r - (1 - c)\pi + \delta} \tag{5.7}$$

如果 $q(\theta - c) < (1 - \theta)\lambda$，则 $\mathrm{d}q/\mathrm{d}\pi$ 为负。其中，q 是每股份额；π 是通货膨胀率；r 是政府债券利率；ρ 是资本的边际产品；τ 是企业所得税税率；θ 是个人所得税税率；δ 是投资者要求的风险溢价；c 是应计资本利得等值税率。

Feldstein（1980）认为，税收的折旧处理导致股票价格与税前收益的比率随着通货膨胀的增加而大幅下降，因此通货膨胀与股票收益之间存在负相关关系。与 Felstein（1980）一致，Summers（1982）也表明，税收是通货膨胀的正向函数，因此通货膨胀会降低企业的实际经济收益。由于用于税收目的的折旧是基于历史成本，而采用历史成本计算则意味着具有较大折旧费用，公司的会计收益将夸大公司在通货膨胀期间的股利支付能力。Bradford（1974）考察了不同收益对货币项目的影响，发现公司可以在通货膨胀期间通过适当调整所持有的货币资产、负债收入和成本的任意组合来达到预期的资产负债表头寸。Hong（1977）研究了通货膨胀与企业市场价值之间的关系，发现由于不同的折旧程度和库存提取成本，通货膨胀的影响也因企业而异。因此，他的研究结果支持名义上的资本收益税收效应。

然而，与 Felstein（1980）的观点相反，Modigliani and Cohn（1979）指出，这种解释没有认识到股东在债务贬值组成部分的回报上并不征税。换句话说，纳税前营业收入中支付的部分随着通货膨胀的下降而下降，而不是像 Felstein 所说的那样随着通货膨胀的增加而增加。这是因为股东可以扣除全部利息费用，即使其中的一部分与通货膨胀溢价相对应，实际上也是资本的回报。同时他们也提供了美国市场的证据，总的来说，对整个企业部门来说，税收的结果往往会被抵消。同样，Fama（1981）认为，尽管税率和法规的变化允许在其他方法中使用自由化的折旧方法，并降低高通货膨胀期间的平均税率，却没有对整个企业的边际税率进行调整以抵消通货膨胀，因为仍有可能出现非预期通货膨胀的分配效应。同时这个想法得到了 Gonedes（1981）的支持，他确定了通货膨胀对企业盈利能力、有效实际税率和投资激励的影响，并提供了名义资本收益税效应的相反证据。通过利用各种宏观经济数据，如资本支出、利得税、独立利息和 GDP 等，表明税收问题与会计方法影响盈利能力的观点不一致，而与税收负担可以通过一些可用的手段减少的假设是一致的，如债务诱导的税盾效应，这是政府允许的企业的替代选择。因此，通货膨胀的税收效应作为对股票收益与通货膨胀之间负相关关系的解释被拒绝。Pindyck（1984）也认为，预期通货膨胀的上升以及通货膨胀变化的同时增长可能对股票价值产生较小的影响。基于资产收益率、资产需求和股价确定的简单模型，他发现高额债务利息税收的扣除抵消了税收惩罚，从而得出税收效应在实证上并不重要的结论。而名义资本收益税收效应的反对者 Madsen（2002）认为，股票市场未能将历史成本导致的与通货膨胀相关的税收惩罚纳入股票价格。

Hasbrouck（1983）认为 Gonedes（1981）的线性时间序列模型在评估税收效应方面有许多限制，如模型中某些变量对通货膨胀变化反应迟缓，引入非中性通货膨胀数据，并将可能存在的噪声系列和混淆过渡效应等引入估计模型。基于这些问题，Hasbrouck 建议使用模拟技术来模拟一个具有许多现实假设的代表性企业，企业的特点是以先进先出（FIFO）、后进先出（LIFO）和库存评估调整（IVA）的方法来调整收入，进而研究各种通货膨胀率下的企业税负。他发现，企业净所得税负是通货膨胀的非线性函数，它不仅反映了历史成本会计对折旧和销售成本造成的惩罚，而且还抵消了名义利息支付的收益。因此他的实证结果表明，税负首先随着通货膨胀率上升而上升，在达到峰值后下降，并且低于没有通货膨胀水平的税率。他的研究结果不支持之前的所有研究，而且更可能揭示出一种复杂的情况。

4. 货币幻觉假说

Modigliani and Cohn（1979）提出了货币幻觉假说，他们假设投资者是非理性的，市场效率低下。他们指出，由于投资者在通货膨胀时期对企业资产有两种主要形式的"货币幻想"，股票价格不能反映其真正的经济价值。首先，由于通货膨胀导致支付给公司债务人的随名义利率上升的收益可以在税前扣除，往往会减少应税会计利润；且由于公司名义负债的实际贬值，导致投资者不能从公司名义负债的实际折旧中纠正报告中股东收益的会计利润。其次，投资者往往以名义利率而不是经济上真实的实际利率资本化股权收益。因此，在从美国市场得到一致证据后，他得出结论：投资者在通货膨胀期间不能正确地评估股票价格，因为他们使用较高的利率来贴现未来收益，忽略了通货膨胀对降低公司债务实际价值的正面影响，特别是杠杆融资公司。这个解释得到了 French 等（1983）的支持，他们最初测试名义上的合同效应，但没有发现什么支持证据，因此他们把结果归因于货币幻觉假说。Cohn and Lessard（1981）着眼于通过控制实际经济因素的影响来衡量股价对于无噪音收益的影响，并将 7 个发达国家与美国进行研究比较，以确定 Modigliani and Cohn（1979）提供的证据在其他国家是否稳健，结果显示 7 个国家的结果大多支持货币幻觉假说。

Ritterand and Warr（2002）也支持货币幻觉假说，他们将货币贬值作为预期通货膨胀与估值测量之间关系的解释，并提出一种内在价值的衡量标准。采用剩余收益模型对道琼斯工业指数公司的月度面板数据进行估计，结果显示，产生牛市的部分原因是股票被低估，低估的数量与杠杆和预期通货膨胀正相关。同时与 Modigliani and Cohn（1979）的观点一致，他指出杠杆企业在通货膨胀时期被低估。此外，他们还表明，货币贬值与预期通货膨胀相结合，可以较好地帮助预测下一年的实际股票收益率。

Madsen（2002）也发现了类似的结果。他主要使用经合组织国家在战后和大萧条时期的集合截面与时间序列数据，并比较了三种基于税收效应、通货膨胀幻觉和风险规避假设模型的实证结果。结果表明，就像 Modigliani and Cohn（1979）所说的那样，股票市场无法区分名义利率和实际利率的大小，投资者错误地使用名义利率来贴现真实的现金流量，而没有认识到通货膨胀降低了债务的实际价值。然而，Geske and Roll（1983）认为，货币幻觉假说与理性预期和有效市场假说直接冲突，更有可能建立非理性的理论。

5. 资本管理假说

Lintner（1975）提出的资本管理假说认为，预期的和非预期的通货膨胀会增加公司的外部融资需求，稀释原有股票的收益。因此，具有固定毛利率和固定派息比率的企业在通货膨胀期间需要较高比例的非内部生成资金，以维持固定比例的营运资本。他假设增加的营运资本不能赚取资本成本，因此现金余额收到零利息，应收账款显然不会影响销售收入。然而，Geske and Roll（1983）认为，这个假设与管理者的行为是矛盾的，因为管理者会通过削减现金余额和收紧贸易信贷条件、拖延支付和其他许多手段来应对通货膨胀的增加，而不是 Lintner（1975）假设的管理者会将获得的外部资金投资于子资产。

6. 增税假说

Anari and Kolari（2001）以及 Luintel and Paudyal（2006）提出了增税假说。在费雪假设下，名义利率应该随着预期通货膨胀的变化而变化。然而，Darby（1975）指出，当名义利息收入被征税时，费雪关系意味着名义利率的变化大于预期通货膨胀的变化。因此，名义利息收入的较高税率将会提高所需名义利率的变化，以弥补预期通货膨胀的变化。他的这一观点得到了 Summers（1983）的支持。Summers（1983）指出，基于美国平均边际税率，费雪效应的价值是 1.3～1.5。Crowder and Wohar（1999）认为税收对所估计的费雪效应有很大影响,这也是后来许多研究人员达成的共识。

Anari and Kolari(2001)以及 Luintel and Paudyal(2006)提出了费雪假设的税收版本,声称名义股票收益必须超过通货膨胀,以补偿纳税投资者。因此,股票收益和通货膨胀之间的长期关系为正。该领域的研究表明,使用协整技术直接检验股票收益是否超过通货膨胀,是由于纳税投资者可能会因通货膨胀的变化而损失实际财富。

Ely and Robinson(1997)首先在协整框架下研究了通货膨胀时期股票价格与商品价格之间的关系,这一研究方法是近年来才出现的。他们的研究表明,在较长的样本期内,股票相对于整体价格的变动保持其价值,这意味着股票是一种很好的对冲通货膨胀的工具,但他们没有给出解释。Anari and Kolari(2001)通过分析股票价格与 CPI 之间的协整关系,来研究长期的费雪假设,如公式(5.8)所示。

$$S_t = c + dP_t \tag{5.8}$$

其中,S_t 是 t 时刻的股价(预期的股价加上非预期的股价走势);P_t 是 t 时刻的商品价格(预期的商品价格加上非预期的商品价格走势);c,d 为系数(d 是股价相对于商品价格的弹性)。

最重要的是,他们将系数估计值显著大于 1 的结果归因于费雪效应的税收版本。但是 Luintel and Paudyal(2006)并没有对这个税收版本提供进一步的解释。Luintel and Paudyal(2006)总结了这些关于费雪效应的税收版本的长期研究,以解释通货膨胀与股票收益之间的关系,即增税假说,其强调股票收益必须超过通货膨胀以补偿纳税投资者实际财富的损失。他们的研究主要是在前人研究的基础上,运用协整方法研究各行业股价与商品价格之间的长期关系,通过识别和控制结构性突变,来提高调查的准确性。他们的研究结果表明,在 8 次股票收益的零售价格弹性研究中,有 6 次高于 1,这支持了股票收益和通货膨胀之间的长期正向关系,与费雪效应的增税版本一致。他们的结果也表明,不同行业的长期实际收益是不同的。

然而,Ahmed and Cardinale(2005)发现,在美国、英国、德国和日本的协整框架下,股票收益与 CPI 之间的长期均衡关系是复杂的,因为估计的均衡关系似乎是产出事件,而不是持续或更频繁的修正,而这些关系对选择的滞后长度也是敏感的。Laopodis(2006)考察了货币政策下,自 1970—2002 年三个子周期下股票市场、经济活动、通货膨胀和货币政策之间的动态相互作用。他运用二元和多元 VAR 与 VEC 模型,并利用协整关系的存在进行研究,但发现真正的股票收益与通货膨胀的二元结果仅为 20 世纪 70 年代和 80 年代美国市场的负相关关系提供了微弱的支持,与先前运用协整分析的研究结果相反。

7. 代理问题假说

Jovanovic and Ueda（1998）提出的代理问题假说假定企业和员工之间存在代理问题。在货币体系中，最终商品在现货市场上销售，而当劳动和股利通过合同出售时，企业和工人混淆了绝对价格和相对价格的变化。因此，正面的价格冲击使得卖方认为他们生产的商品比实际的更好。他们把这笔暴利与那些得到较高实际工资的工人分开，所以在假定工资合同是重新谈判的条件下，工人得到的回报比他们的努力还要多。结果，货币通过改变股东对工人的收入分配来影响实际活动。Jovanovic and Ueda（1998）还提出了一个信号混淆模型，即当许多商品市场通过非个人现货交易而清晰时，劳动力服务市场是一个压倒性的市场。因此，在劳动力市场里，合同自然驱逐了现货交易，从而证实了他们的假设。由 Jovanovic and Ueda（1998），Martin and Monnet（2000）提出的道德风险、重新谈判和代理人销售的名义价值扩展了委托代理模型，表明他们对名义合同发生的解释是稳健的，甚至放宽了代理人选择纯策略的假设。但是，仍然缺乏支持这一假设的实证证据。

8. 名义合同假说

在试图解释通货膨胀与股票收益之间的负相关关系的假设中，名义合同假说最早是由 Kessel（1956）提出的，他声称由于预期通货膨胀，名义合同持有人将财富从名义合同持有人手中转移到实际合同持有人手中。这种对财富再分配的解释基于这样一种假设，即利率未能完全反映通货膨胀期间的价格水平变化，这是基于利率是对未来价格走势的一种隐含的有偏差的估计。因此，参与名义合同的双方通过估计未来付款的现值，并考虑合同期间的通货膨胀以及实际和预期通货膨胀之间的偏差，导致名义合同的价值改变，从而在合同双方之间转移财富，如持有人的名义资产，如现金、应收账款、折旧税盾等；债权人债务，如债务、应付账款、劳动合同等（French, et al., 1983）。在对美国市场的工业和工资数据进行实证评估之后，Kessel 得出结论：债务人（企业）和债权人（如银行、劳动者）会因意外的通货膨胀而损失。

然而，名义合同假说的实证结果是相互矛盾的。Bradford（1974），Bach and Stephenson（1974），Hong（1977），French 等（1983），Chang 等（1985），Wei and Wong（1992），以及 Chang 等（1992）的研究结论与 Kessel（1956）的理论相反，对名义合同假说仅有较弱的支持，甚至没有证据证明名义合同假说。然而，有研究支持或至少部分支持名义合同假说，如 Bernard（1986），Pearce and Roley（1988），Dokko（1989）。

尽管实证结果好坏参半，但名义合同假说将企业融资组合、通货膨胀风险和财富再分配效应联系在一起，形成了微观层面的解释。本章解释了名义合同假说、企业融资组合、通货膨胀暴露与财富再分配之间的关系，并进一步讨论了名义合同假说的争论。

预期资本市场中所观察到的均衡货币利率不会受到非预期通货膨胀的影响，因为名义利率未能反映出非预期通货膨胀的变化，即对未来价格走势的估计是有偏差的。因此，存在名义合同持有人之间的财富转移即从债权人到债务人。这种转移将发生在任何名义合同中，包括折旧税盾、应收票据、应付账款、债券、劳动合同等。一旦利率被设定在未偿付的名义合同上，在合同到期或被卖给新持有者之前，不存在这种通货膨胀调整。这样将会导致持有大量名义合同的企业面临通货膨胀风险。非预期通货膨胀所形成的财富转移对净债务人来说是积极的，对净债权人来说是不利的。

正如前面几节所讨论的，通货膨胀与货币政策之间存在相互作用。在费雪框架下，货币政策主要通过利率受到预期通货膨胀的影响。尽管有反对预期通货膨胀和名义利率之间存在一对一关系的争论，但多数实证研究至少支持预期通货膨胀与名义利率之间的正相关性。一些研究甚至支持一对一的关系，完全符合费雪假设。由于预期通货膨胀的增加，利率将会上升，反之亦然。

如果将费雪假设延伸到预期的和非预期的通货膨胀，从长远来看，因为目前高于预期的通货膨胀会提高投资者对未来通货膨胀的预测，使得名义利率将会随着预期的和非预期的通货膨胀而提高。非预期通货膨胀对通货膨胀没有直接影响，只是预示着未来通货膨胀的预期会更高。因此，投资者预期的高通货膨胀最终将提高名义利率。

名义利率的变化影响债券价格。债券作为基本的固定收益证券，可以保证未来某些形式的支付。例如，贴现债券在到期日支付一笔款项，而息票债券则在到期日和包括到期日在内的相等间隔时间内支付一部分的票面价值，并在到期日支付面值（Campbell, et al., 1997）。只要债券被售出，发行人将获得一定数额的现金，并有义务在指定日期向债券持有人支付固定款项，而债券持有人在未来获得固定收益时，只会面临发行者的信用风险。然而，由于债券的支付公式是预先规定的，仍然有利率风险，需要由发行者和债券持有人来考虑。

对于债券持有人而言，利率风险影响债券价格。债券价格由债券面值、票面利率和实际利率决定。由于债券面值和票面利率是固定的，债券价格由利率决定。如果利率变动是确定的，所有债券都是合理定价的，那么所有债券将提供相当于一年的回报率。然而，在现实中，未来的利率是不确定的，可能会比预期的高或低。正如公式（5.9）所示，当前债券价格和利率之间存在着负相关关系。如果利率上升，债券价格下跌，反之亦然。这种利率风险对短期债券和长期债券的影响是不同的，这也意味着长期债券价格对利率变化更加敏感。利率的变化会使长期债券持有人处于非常危险的境地。

$$P_t = \frac{F}{(1+i)^n} + \sum_{k=1}^{n} \frac{C}{(1+i)^k} \qquad (5.9)$$

其中，P_t 是在 t 时刻的债券价格；F 是债券面值；C 是票面利率；i 是实际利率；n 是持有期。

对于发行人而言，利率的变动影响融资成本。发行人通过发行债券向债券持有人借款。只要债券以特定的价格出售，贴现率或息票利率取决于预期利率，债券的成本就会被确定。如果利率变动或低于预期，发行人将从这些变化中获益或损失。如果利率在债券的持仓期内超过预期，则意味着发行人支付的债务低于当前的市场成本。因此，发行人从非预期的利率上升中获益，反之亦然。在较长时期内，利率的不确定性增加。因此，这些非预期的利率变化对长期债务的影响大于短期债务。尽管长期债券的到期收益率总是高于短期债券，但较高的收益率是利率风险的风险溢价。根据流动性偏好理论，由于通货膨胀风险较大，风险溢价无法消除通货膨胀风险。

从以往的通货膨胀模式、利率和债券价格来看，与费雪假设相同，通货膨胀的非预期变化引起了名义利率的非预期变化，而利率的非预期变化影响了债券持有人和发行者。因此，通货膨胀的非预期变化会对债券持有人和发行人产生不利影响，主要影响长期债券持有人或发行人。

债券持有人或发行人因非预期通货膨胀导致利率的非预期变动而获益或损失，进而导致股票价格可能相应地随着这些获益或损失而变动。因此，债券持有人或发行人的股票价格可能因非预期通货膨胀而改变。如果未来非预期通货膨胀超出预期，债券持有人在发行人收益时损失，长期债券持有人的损失比短期债券持有人多，而长期债券发行人的收益大于短期债券发行人，反之亦然。

公司持有许多名义资产或名义负债，如现金、应收账款、折旧税盾、以固定价格销售产品的合同、应付账款、劳动合同、原材料合同和养老金承诺。它们与债券有着相似的特征，因此对名义利率的变化很敏感。如果将通货膨胀与债券之间的关系理论扩展到公司持有的其他名义资产或名义负债，它们就会受到由预期通货膨胀所带来的未来利率不确定性的影响。反过来，该公司的股票价格可能会捕捉到这些影响。因此，一个市场的股票价格，一个行业或一个公司（如果它们持有一个正的净名义头寸），可能会消极地反映出非预期通货膨胀。因此，名义合同假说可能会为非预期通货膨胀与公司价格之间的关系提供进一步的解释。

名义合同假说建立在利率不能完全反映未来价格水平变化的假设之上。因此，如果实际通货膨胀高于预期，非预期通货膨胀会将财富从名义合同持有人手中转移到实际合同持有者手中。如果实际通货膨胀低于预期通货膨胀，就会发生相反的情况。据我们所知，公司通常有两种名义合同：①名义资产，主要包括现金、应收账款、折旧税盾和以固定价格销售产品的合同；②名义负债，主要包括应付账款、债务、原材料合同、劳动合同和养老金承诺。参与名义合同的各方考虑到在合同过程中可能发生的通货膨胀，只估计了未来支付的现值。因此，当事双方商定的名义合同利率可能比实际通货膨胀更低或更高。当实际和预期通货膨胀在合同双方之间转移财富时，合同双方的主要差别是：名义资产的持有人和实际合同的持有人。

因此，与名义合同相关的假设有两种。其中一种假设是债务人—债权人假设，即当高于预期的通货膨胀发生时，债务人将收益，债权人将损失，反之亦然；相对于小型债务人而言，通货膨胀对于大型债务人来说更有利可图。当一个整体市场、一个行业或一个公司处于净债务人的名义地位，就会从通货膨胀时期获利，反之亦然。债务比率越大，债务人获得的利润就越大。另一种假设是劳动力—资本化假设，即通货膨胀导致工资滞后于价格，所以在通货膨胀期间，商业公司获得额外的利润，从而将劳动者的收入重新分配给资本家。

在过去的50年中，尽管只有少数研究对名义合同假说进行了研究，但由于名义合同效应而引起的关于财富转移的争论是激烈的。其中一个论点是，名义合同假说是否对总体市场或行业毫无意义。De Alessi（1964），Geske and Roll（1983）认为名义合同假说对整个市场或不同行业没有意义，因为整个市场或大部分行业是净债务人，根据名义合同假说可知，它们应当与非预期通货膨胀呈正相关，然而这与之前研究认为的股票收益与非预期通货膨胀呈负相关的结论相违背。

De Alessi（1964）按照公司的净货币头寸将公司区分为净债务公司、净债权公司或中间公司。货币头寸被定义为其货币资产（如手头现金、持有的债券和应收账款）与货币负债（如未偿还的债务、应付账款）之间的差额。他发现，英国80%以上的商业公司都是净债务公司，从1948年到1956年，英国市场总体上属于净债务头寸，因此整个英国市场应该从通货膨胀中获益。他还发现，1934—1956年美国市场上的净债务公司占40%～60%，并且美国市场在多数情况下为净债务人，但在一段时间内处于净债权人的地位。因此，他通常否认商业公司是净债务人并从通货膨胀中获益的假设。De Alessi（1975）还指出，普通股只在投资组合中的公司单独或合计拥有的净货币头寸为零的情况下，才能对一般价格水平的变化进行对冲。因此，没有任何先验的理由可以预期普通股将对一般价格水平的变化进行对冲。他指出，美国非金融企业在1939年和1949年保持了适度的净债务额，1960年和1970年的净债务额略大一些。因此，美国公司整体上应该在部分时期有所收益。然而，以往研究中提出的通货膨胀与股票收益之间的负相关关系与名义合同假说不一致。Geske and Roll（1983）还认为，大多数非金融企业是净债务人，因为相比起固定名义资产，它们似乎拥有更多的固定名义负债承诺。因此，Kessel的假设并不具有实证的说服力。

然而，名义合同假说不能被先前的研究所否定，因为这些研究只观察了部分名义合同而不是所有名义合同，几乎不可能确定整个市场、一个行业或公司是净债务人或债权人。由于公司持有许多名义合同，如劳动合同、供应合同、债务合同、养老金承诺等，然而计算实际净名义头寸需要识别这些不同的公司合同，这在现实很难实现（French, et al., 1983）。因此，先前研究声称已经观察到的总体市场或行业的"净名义头寸"是不准确的。先前的研究目的是观察一个市场或一个行业的"净名义头寸"，看看名义合同假说是否与通货膨胀和股票收益之间的经验关系相符，而这些研究从一开始就存在错误的立足点。

实际上，名义合同假说很难完全验证，因为几乎不可能观察到所有的名义合同，并同时检验这两个假设，即债务人—债权人假设和劳动力—资本化假设。然而，名义合同假说仍然是可测试的，或至少部分是可测试的，因为它集中在尽可能多的名义合同上。它还可以通过专注于公司层面的债务人—债权人假设来进行测试，因为大多数与债务或其他货币债权相关的名义合同都是可以观察到的。

Kessel and Alchian（1962）深入讨论了货币需求、财富转移、预期与非预期通货膨胀之间的过渡阶段。他们强调了调查货币头寸的需要，因为积极的非预期通货膨胀增加了货币债务人的财富，并减少了货币债权人的财富，而消极的非预期通货膨胀则有相反的效果，无论是对企业债权人和债务人，还是对政府、其他个人或团体。French 等（1983）建议对折旧税盾和净货币头寸进行调查，并为名义合同假说提供可测试的模型。Pearce and Roley（1988）将他们的研究扩展到存货和养老金费用。其他研究也为名义合同假说提供了可测试的名义合同和模型，例如 Hong（1977），Bernard（1986），Chang 等（1992），Wei and Wong（1992）。

在关于财富转移的辩论中，另一个观点是系统风险替代。一些人认为，债务人和债权人在系统风险方面存在差异，使得由于非预期通货膨胀所造成的财富转移效应对股票收益的影响是不可察觉的，或者是不能独立于股票收益中许多其他来源的变化。一些研究支持系统风险替代的观点，例如，Bach and Stephenson（1974）对系统风险的名义合同效应进行了调整。他们的研究表明，与不同的净货币头寸相关的通货膨胀效应完全被系统风险所抵消。

Rozeff（1977）从理论上探讨了货币净头寸与系统风险之间的关系。他解释称，债务公司和债权公司有不同的财务杠杆，这是系统风险的决定因素。与净债权公司相比，净债务公司的风险更大，因为债务公司的杠杆率高于债权公司。由于系统风险使公司的净货币头寸受到了影响，很难将货币头寸的影响与系统风险隔离开来。他还认为，如果能正确预测通货膨胀，就可以发现与债务公司或债权公司相关的金融杠杆，但名义合同假说所暗示的净货币头寸的影响可以通过系统风险来预测。这一观点认为，由于债务公司或债权公司具有不同的杠杆作用，而这是系统风险的决定因素，因此财富转移效应可以被系统风险所控制，这一观点得到了 Hong（1977），Chang 等（1985），Chang 等（1992）的支持。他们表明，如果在测试模型中对系统风险的影响进行控制，则可以使净货币头寸的影响消失。Chang 等（1992）甚至认为，如果模型中没有对系统风险进行控制，那么通货膨胀导致的财富转移效应可能是虚假的，因为在市场上，净债务公司被认为比净债权公司风险更大。

然而，其他研究表明，即使在模型中考虑或包含系统风险，未预期通货膨胀导致的财富转移效应仍然有效。Bernard（1986）发现，与非预期通货膨胀相关的股票收益的横截面方差的一半可以用系统风险的横截面差异来解释。然而，剩余部分可以部分地用名义合同假说来解释。Pearce and Roley（1988），Dokko（1989）也提供了类似的支持名义合同假说的证据，甚至将系统风险考虑在内。

5.4 文献评述

本章回顾了货币政策、通货膨胀和股票收益之间相互作用的文献。目前的文献表明，货币政策影响通货膨胀，而当前通货膨胀的变化导致预期通货膨胀的变化，进而影响中央银行未来对利率的决策。费雪假设为这一过程提供了理论基础，丰富的实证文献也为这一过程提供了支撑依据。

货币政策进一步影响股票收益。利用事件研究方法研究货币政策公告对股票收益的影响，主要基于日内、日度或周数据，并关注货币政策公告对股票价格波动率或者股票收益水平的影响。为了捕捉货币政策的运作，主要运用如广义货币供应、贴现率、联邦基金目标利率（利率）、美国的公开市场操作，以及其他一些非美国国家的代理。在文献中也发现了一些研究者试图对股票收益对货币政策的特定形式作出解释，并得到经验证据的支持。然而，迄今为止，实证结果仍旧是相互矛盾的。虽然一些实证研究认为货币政策对股票收益没有影响，但现有的大量文献表明，股票收益对货币政策有显著的回应，而其他一些研究表明，回应的结果是复杂的，在时间周期和政策环境中都有所变化。

根据费雪假设,普通股应该是对冲通货膨胀的好方法。然而,经验实证结果表明,这种关系是复杂的,比标准理论所指出的更为复杂。货币经济学家如 Mishkin (2007),从理论上分析了货币政策与股票收益之间的关系,并发现通货膨胀与股票收益之间的关系可能是正的、负的或中性的,这与费雪假设相反。为了解释这种异常现象,研究者对非预期通货膨胀公告效应的研究表明,政策预期假说(PAH)和通货膨胀预期假说(EIH)解释了在事件研究中发现的负相关关系。对于短期、长期的研究,有 8 个主要的观点解释了通货膨胀与股票收益间的关系。但是实证结果参差不齐,这反映了这一领域的研究现状。对于这样一个关键的问题,现有的文献还没有提供一些令人信服的理论解释,而经验证据也依旧没有定论。

尽管对货币政策、通货膨胀和股票收益之间的相互作用进行了大量研究,但仍需要进一步的实证分析,因为实证结果表明,在该领域和研究中,复杂的证据主要与美国市场有关。与美国不同的是,英国有着独特的货币政策制定过程和低通货膨胀目标。与美国联邦储备系统相比,英格兰银行对价格稳定负有更多责任。因此,美国在该领域的经验不能应用于英国市场,调查英国的案例可以为当前的研究增添国际证据。本书选择英国市场为研究对象,对货币政策、通货膨胀和股票收益之间的相互作用进行实证检验,特别强调货币政策公告对股票收益和股票市场波动水平的影响,通货膨胀与股票收益在一系列时间范围内和不同制度之间的关系,以及名义合同假说所提出的在非预期通货膨胀下,名义合同对股票收益敏感性的影响。

本书对英国市场的研究弥补了现有研究的不足,有以下三个方面的贡献:

(1)本书提供了货币政策和通货膨胀对整体股票市场和行业组织收益影响的证据。以往的研究很少以英国为背景对行业组织的反应进行研究,而行业组织对货币政策和通货膨胀的反应也不尽相同。

(2)本书考察了货币政策对股票收益水平和股票市场波动性的影响,但缺乏证据表明股市波动对英国货币政策的影响。本书涵盖了比以往研究更广泛的货币政策领域,提供了英格兰银行的官方利率和董事会货币供应公告影响股市收益的证据;还比较了 1997 年 5 月英格兰银行获得独立时,货币政策公告对股市收益的影响,而之前的研究都没有考虑过这种差异。

(3)与以往研究不同的是,本书在不同的时间范围内、在不同的通货膨胀经济体和制度下,研究了短期和长期的通货膨胀与股票收益之间的关系。研究发现,水平敏感性、通货膨胀经济体和制度对这种关系均有显著影响。

第6章

英国的货币政策和股票收益

在实践中，中央银行会使用包括公开市场操作、存款准备金、贴现率和银行间隔夜拆借利率在内的各种各样的货币政策工具去影响货币供应量和利率水平，而这又会对整个经济产生影响。作为对真实资产具有求偿权的普通股，也会被货币政策通过各种渠道所影响（Bernanke and Kuttner，2005）。已有的一些研究结果表明，货币政策会影响股票市场收益率和股票市场的波动性，这种影响是显著负面的或是微小的。也有一些实证研究表明，货币政策对股票价格没有影响（Goodhart and Smith，1985；Black，1987；Tarhan，1995；Serwa，2006）。但是，其他一些研究表明货币政策通过预期分红、折现率或者资产溢价等途径影响股票价格（Sellin，2001），还有研究显示了货币政策对股票价格有负面影响的证据（Waud，1970；Pearce and Roley，1983，1985；Jensen and Johnson，1993，1995，1997；Bomfim，2003；Bredin，et al.，2007）。和这些研究相反，另外一些研究表明在不同时期货币政策的影响是不尽相同的（Hafer，1986；Hardouvelis，1987）。因此，货币政策是否影响以及如何影响股票价格仍然是一个有争议的话题。

本章考察了不同的制度体制下，在总体和产业层面，官方利率和广义货币供应量对英国股票市场收益率和波动性的影响。本章还关注了这种影响在1997年5月英格兰银行独立前后和2007年后期金融危机期间的表现。先前的研究为本章提供了写作动机，这些动机主要是：第一，仅有少数的研究关注了英国市场（Goodhart and Smith，1985；MacDonald and Torrance，1987；Gregoriou，et al.，2006；Bredin，et al.，2007），并且很少研究关注股票市场的波动性如何对英国的货币政策做出反应。更重要的是，英国货币政策决策过程和通货膨胀目标与包括美国在内的其他国家是不同的。自1997年5月以来，英格兰银行及其货币政策委员会为了满足由英国财政大臣设定的通货膨胀目标，能够独立做出政策决定。和美联储及其货币政策指定机构相比，联邦公开市场委员会（FOMC）能够摆脱政府设定通货膨胀目标的束缚而独立做出决定，英格兰银行受制于和通货膨胀稳定相联系的义务和目标更少（Buckle and Thompson，2004；Mishkin，2007）。Guender（2011）认为折现因素对于滞后的通货膨胀有决定性的作用，并且 Fischer 等（2009）认为货币的通货膨胀因素在欧洲中央银行的货币政策分析中扮演了重要的角色，特别是制度随着时间的改变，这一角色变得更重要。而且，在欧洲中央银行货币政策的制定过程中，非对称通货膨胀目标向对称通货膨胀目标的转变会导致更高水平的利率波动，但不会提高财富支付（Kim，et al.，2010）。英国市场和美国市场的这些差异意味着在美国市场中得出的结论不可以直接运用到英国市场，因此有必要对英国市场进行更加深入的研究，同时我们也可以把这些研究结果运用到类似的市场中。

和美国市场类似的是，本章的研究结果表明货币政策会对股票市场产生影响。公告日之前和之后的非预期利率变动对股票收益有影响，但对非预期变化没有延迟效应。然而利率改变的非预期影响能够在整个样本期内被观察到，这种影响在 2007 年后期金融危机爆发后仍然持续。考虑到股票市场的波动性，还发现公告日非预期利率变化所造成的影响。和美国市场不同的是，在英国一个预告也会对市场产生显著的影响。通过考察货币供应量对股票收益率的影响，发现这种影响不仅出现在货币政策公告日，其在 2007 年金融危机爆发前后仍然持续。更加有趣的是，这个结果显示出一个股票市场的波动性对于非预期的利率和货币供应量改变存在非对称反应。

第二，很少有研究为英格兰银行的官方利率和货币供应量公告对股票收益率影响提供证据。而且，先前的研究仅考虑了货币供应量这一种货币政策工具（Goodhart and Smith，1985；MacDonald and Torrance，1987），或只考虑利率这一种货币政策工具（Gregoriou，et al.，2006；Bredin，et al.，2007）。尽管货币政策可能通过影响利率对整个经济产生影响，但货币供应量和利率构成了货币政策主要部分，并且货币供应量的改变影响短期利率（Bodie，1976）。因此，本章同时考虑广义货币供应量和英格兰银行的官方银行利率，以获得它们对英国股票收益率和股市波动性的影响信息。本章使用了一个扩展的样本，样本期是 1978 年 1 月到 2010 年 12 月，并使用由 Informa Global Markets（IGM）提供的从 2000 年 1 月到 2010 年 12 月的官方银行利率和可预测的广义货币供应量。研究结果表明，在不同的制度体制下，货币供给的利率对股票收益和股市波动的影响存在着独特的模式。

第三，考察从 1997 年 5 月起，英格兰银行取得独立的情况是否影响了英国股票市场对其货币政策的反应范式。在英格兰银行取得独立前，英国的货币政策是由财政大臣会同英格兰银行行长进行为期一个月的讨论而决定的。英格兰银行的作用仅在于将政府的货币政策决定通过改变每日的货币市场操作而改变利率来传递给市场，除非没有变化，否则在任何分散的时间点都不会明确决定不改变利率（Burrows and Wetherilt，2004）。因此，市场参与者很难去预测货币政策，这就导致了股票市场在 1997 年 5 月以前对货币政策的反应缺少效率。然而，自从英格兰银行取得独立，其货币政策委员会为了能够满足协定的通货膨胀目标，定期举行会议，独立做出决定。会议的日期会提前公布在银行的网站上，同时，官方利率由货币政策委员会在一个有规律的基础上进行制定。市场参与者因此发现，预测货币政策的变化更加容易。故股价能够提前对货币政策作出反应，并且相比于以前，其更有效率。英格兰银行的独立不仅影响了货币政策的制定，也影响了货币政策公告的路径，甚至影响了货币政策对于股票的意义。比较货币政策公告对于股票收益率和股票市场波动性的影响在 1997 年 5 月前后的区别，是非常重要的。就像所期望的那样，影响方式在 1997 年 5 月以后是独特的。我们发现，非预期的利率改变对于 1997 年以前的股票收益率的影响在统计意义和经济意义上是消极的，同时在 1997 年 5 月以后，预告性影响可以被观察到。而且，1997 年 5 月以来，非预期的利率改变对于股票波动性的影响在公告日后被减弱，而预告性效应却增强。

第四，2007 年后期的信用危机对世界经济有一个非常重大的影响，并且导致中央银行更加频繁地使用货币政策工具去刺激国家经济。可是，现在仍然缺乏关于英国股票市场在经济危机期间对于货币政策有不同于以往的反应范式的研究。自从金融危机以来，投资者有一个强烈的期望，那就是中央银行会放松银根，因此增加了股票市场在金融危机期间出现一个不同的反应范式的可能性。

实证结果表明，非预期货币政策的改变对股票收益率有负面的影响，并且对股票市场的波动性有显著影响，与此同时，预期货币政策则不会对其有任何影响。另外，股票收益率和股市波动性的这种反应范式，在英格兰银行取得独立前后也有很大差异。这种现象表明，货币政策决策过程的改变会影响股市的反应范式。有趣的是，随着 2007 年金融危机的到来，这种预期的巨大影响在货币政策公告发布几天后就能够被观察到。本章的研究结果也表明，2007 年以前，不存在利率对于股票收益率的非预期影响；但是在 2007 年以后，有明显的证据表明货币政策存在一种预期影响。同时，2007 年以后，对于股市波动性而言，公告日后的影响消失。尽管在公告日，货币供应量对于股票收益的影响在金融危机前后都存在，但是影响的水平在金融危机之后却有很大区别。研究结果还表明，在公告日，对股市波动性的影响在 2007 年后也消失了。

本章的内容安排如下：6.1 节叙述了理论模型和研究思路，6.2 节阐述研究使用的数据与变量，6.3 节实证分析货币供应量对股票市场的影响，6.4 节实证分析利率政策对股票市场的影响，6.5 节呈现了主要结论。

6.1 理论模型和研究思路

本章采取事件研究法来测试货币政策公告是否影响股票收益率，并使用拓展的 GARCH 模型去测试英格兰银行官方利率公告是否影响股票市场的波动性。

6.1.1 测试公告对股票收益率的影响

基于 Bredin 等（2007）的文章，在三个事件窗口期，本章通过公式（6.1）和公式（6.2），对英格兰银行官方利率和广义货币供应量的预期和非预期的变化对股票收益率的影响进行测度。根据有效市场假说，股票价格反映了所有可得的公开信息，因此仅仅包含新信息的非预期利率变化消息会影响股票收益，同时预期的利率的改变对于股票收益有一个负的影响（Joyce and Read，2002）。

$$R_{t+B} = \alpha + \gamma \Delta i_t^e + \beta \Delta i_t^u + \varepsilon_t \qquad (6.1)$$

$$R_{\Delta 3t} = \alpha + \gamma \Delta i_t^e + \beta \Delta i_t^u + \varepsilon_t \qquad (6.2)$$

其中，R_{t+B} 是股票在 $t+B$ 时刻的收益率，其中 $B = -1, 0, 1$；R_{t-1} 是股票在 $t-1$ 时刻（货币政策宣布的前一天）的收益率；R_t 是股票在 t 时刻（宣布当天）的收益率；R_{t+1} 是股票在 $t+1$ 时刻（货币政策宣布后一天）的收益率；$R_{\Delta 3t}$ 代表三天的股票收益率（即货币政策宣布前一日、宣布当天和后一天的收益率）；Δi_t^e 代表利率或者广义货币供应量的预期变化，Δi_t^u 代表利率或者广义货币供应量的非预期变化。

6.1.2 测试公告对股票市场波动性的影响

基于 Jones 等（1998）和 Bomfim（2003）的研究，本章运用拓展的 GARCH（1，1）模型去考察货币政策公告对股票市场波动性的影响，模型如下：

$$R_t = \beta_0 + \beta_1 \Delta i_t^u + \beta_2 R_{t-1} + \mu_t s_t^{1/2} \qquad (6.3)$$

$$\mu_t = \sqrt{s_t} e_t \qquad (6.4)$$

$$E(e_t \mid \Omega_{t-1}) = 0 \qquad (6.5)$$

$$E(e_t^2 \mid \Omega_{t-1}) = h_t \qquad (6.6)$$

$$h_t = \alpha_0 + \alpha_1 h_{t-1} + \alpha_2 e_{t-1}^2 \qquad (6.7)$$

$$E(\mu_t^2 \mid \Omega_{t-1}) = s_t h_t \qquad (6.8)$$

$$s_t = 1 + \delta_1 I_{t-1}^{BoE} + \delta_2 I_t^{BoE} + \delta_3 I_{t+1}^{BoE} \qquad (6.9)$$

其中，I_{t-1}^{BoE} 是一个虚拟变量，该变量在公告日前用 $t-1$ 表示；I_t^{BoE} 在公告日用 t 表示；I_{t+1}^{BoE} 在公告日后用 $t+1$ 表示。

每日股票收益的条件均值由公式（6.3）中利率的非预期变化和滞后股票收益进行估值，μ_t 可以用两个分量 s_t 和 e_t 来计算每日股票收益的非预期变动，如公式（6.4）所示。e_t 是随机变量，其时间条件均值为零，条件方差为 h_t，如公式（6.5）和公式（6.6）所示。公式（6.7）中的 h_t 遵循 GARCH（1，1）过程。s_t 是确定性的比例因子，它提供了利率公告日能够对波动产生不利影响的主要渠道。μ_t 的条件方差由公式（6.8）定义，h_t 独立于 s_t。Jones 等（1998）表明，虚拟变量可用于衡量公告日对条件波动的影响，因此包含在公式（6.9）中的三个虚拟变量用于测试公告日的影响以及预告效应和延迟效应。公式（6.6）至公式（6.8）将非公告日的条件方差定义为 h_t，而在公告日，其表示为 $h_t(1+\delta_2)$。

此外，公式（6.10）使我们能够在三个子样本期间内测试股市波动的不同反应范式（英格兰银行独立前；英格兰银行独立后到 2007 年 12 月信用危机爆发；信用危机以后）。

$$s_t = 1 + I_t^{pre97}(\delta_1 I_{t-1}^{BoE} + \delta_2 I_t^{BoE} + \delta_3 I_{t+1}^{BoE}) + I_t^{aft97-preCC}(\delta_4 I_{t-1}^{BoE} + \delta_5 I_t^{BoE} + \delta_6 I_{t+1}^{BoE}) + I^{afterCC}(\delta_7 I_{t-1}^{BoE} + \delta_8 I_t^{BoE} + \delta_9 I_{t+1}^{BoE}) \tag{6.10}$$

其中，I_t^{pre97} 是一个虚拟变量，在 1997 年 5 月前数值为 $t-1$；$I_t^{aft97-preCC}$ 在 1997 年 5 月至 2010 年 12 月数值为 1；$I^{afterCC}$ 在 2007 年 12 月数值为 $t+1$。

Nelson（1991），Bomfim（2003）和 Adams 等（2004）的研究显示宏观经济消息对收益或波动具有非对称效应。为了调查对利率和广义货币供应量正面非预期变化的反应与对负面非预期变化的反应是否相同，本章使用公式（6.11）和公式（6.12）。按照 Adams 等（2004）的研究，原假设 $\beta_1 = \beta_2$ 表示好消息和坏消息具有同等重要的影响，而原假设 $\delta_1 = \delta_2$ 表示股市波动对坏消息的反应范式与对好消息的反应范式一样。

$$R_t = \beta_0 + \beta_1 \Delta i_t^{u-Pos} + \beta_2 \Delta i_t^{u-Neg} + \beta_3 R_{t-1} + \mu_t \tag{6.11}$$

$$s_t = 1 + \delta_1 I_t^{BoE} I_t^{Pos} + \delta_2 I_t^{BoE} I_t^{Neg} \tag{6.12}$$

其中，I_t^{Pos} 是虚拟变量，如果非预期变化的影响是积极的，其数值取 1；I_t^{Neg} 是虚拟变量，如果非预期变化的影响是消极的，其数值取 1。

6.2 数据与变量

本章所采用的实证样本由富时全股指数（FTA）和油气（OI）、基础材料

（BM）、工业（ID）、消费品（CG）、卫生服务（HL）、消费服务（CS）、电信（TM）、金融（FN）、信息技术（IT）、公用事业（UT）10个行业指数构成。

由于数据的可得性，用于检验利率影响的样本期间是相互分离的：对于FTA，采用1978年1月3日到2010年12月31日的样本；对于UT，采用1986年12月9日到2010年12月31日的样本；对于剩下的OI、BM、ID、CG、HL、CS、TM、FN、IT，采用1986年1月1日到2010年12月31日的样本；而广义货币供应量调查的时间跨度为2000年1月3日至2010年12月31日。考虑到1997年英格兰银行独立和2007年后期的金融危机，样本期间划分为3个子区间：①1978年1月到1997年2月；②1997年5月到2010年12月；③2008年1月到2010年12月。指数的表现用它们的对数收益率来衡量，并且这些指数来源于Datastream。

货币政策的变化用英格兰银行官方利率和广义货币供应量来表示，因为英格兰银行的官方利率是英国货币政策和广义货币供应量的先行指标，该指标也被证实会影响利率（Goodhart and Smith，1985；Burrows and Wetherilt，2004；Bredin，et al.，2007）。官方利率由英格兰银行宣布，并且从1978年1月31日到2010年12月31日关于这方面的公告达306个。在1997年5月英格兰银行独立前，有141个有关银行利率的公告被记录，这些公告被归类为基础事件，英格兰银行主要通过改变利率把政策决定传达给市场。在1997年5月之后，利率每个月都会公告一次，包括47个官方利率变化在内的165个银行公告被记录下来，时间跨度为1997年5月到2010年12月。非预期的英格兰银行官方利率改变用英格兰银行提供的3个月远期LIBOR来表示。因此，处于$t-1$到t期的3个月远期LIBOR被用来测量非预期的英格兰银行官方利率的改变。期望利率的改变则被定义为由英格兰银行宣布的利率实际改变和非预期的LIBOR改变的差额。英格兰银行经常会在每个月的第14个工作日公布临时的广义货币供应量，每个月经过季度调整后的广义货币供应量的变动会被筛选出来，货币供应量期望改变的数据来自金融市场的调查数据。分析者对于英国广义货币供应量的预测由IGM提供。IGM的预测通常在英格兰银行公布官方利率前一周公布（Joyce and Read，2002）。本章还测试了无偏和弱效率，这两者都构成了理性假设的要求。研究结果表明，IGM预测广义货币供应量符合理性要求，并且可以说是代表了整个市场的共识。

6.3 货币供应量对股票市场影响的实证分析

货币供应量变动对FTA及各行业股票收益的影响结果如表6-1所示。有趣的是，仅在公告日，货币供应量出现非预期的变化，会对总体股票收益产生显著的负面影响，而预期的变化并没有产生影响，这与有效市场假说一致，这意味着货币供应量意外增加将推动未来利率向上，导致股价下跌（Goodhart and Smith，1985）。

A 组显示，在公告日，货币供应量非预期变化增加 1%，股票收益下降 0.8%。7 个行业——OI、BM、ID、CG、CS、FN 和 IT，对于在公告日货币供应量的变化也显示出相似的反应。货币供给量公告造成的负面影响与大多数研究结果一致，这些研究提供了货币供应量公告对股票收益的影响的证据，比如，Berkman（1978）、Lynge（1981）、Cornell（1983）、Pearce and Roley（1983）、Tarhan（1987）、Jain（1988）、McQueen and Roley（1993）。然而，这与 Goodhart and Smith（1985），以及 MacDonald and Torrance（1987）的研究结果不一致，他们研究了货币供应量对英国股市的影响，并没有发现公告效应的确凿证据。

表 6-1　货币供应量预期和非预期变化对股票收益的影响[①]

A 组：全样本期间（2000 年 1 月至 2010 年 12 月）

		FTA	OI	BM	ID	CG	HL	CS	TM	FN	IT	UT
R_{t-1}	γ	0.2097	0.1903	0.5518	0.2240	0.5316	0.0100	0.3463	0.0413	0.0478	0.5251	-0.2357
		(0.2305)	(0.2932)	(0.4036)	(0.2452)	(0.2562)	(0.2365)	(0.2092)	(0.3137)	(0.3112)	(0.3552)	(0.1981)
		[0.3646]	[0.5175]	[0.1740]	[0.3626]	[0.8359]	[0.9662]	[0.1003]	[0.8954]	[0.8781]	[0.1418]	[0.2363]
	β	0.2627	0.2551	0.3668	-0.4216	0.2184	0.2221	0.1939	0.6245	-0.0687	0.6552	0.5256
		(0.3933)	(0.5003)	(0.6887)	(0.4183)	(0.4370)	(0.4035)	(0.3569)	(0.5351)	(0.5310)	(0.6060)	(0.3380)
		[0.5053]	[0.6110]	[0.5952]	[0.3155]	[0.6182]	[0.5830]	[0.5879]	[0.2454]	[0.8972]	[0.2816]	[0.1224]
R_t	γ	-0.0668	0.1893	-0.1705	0.1343	-0.0733	-0.3602*	0.1535	-0.1209	0.2964	0.3106	-0.1421
		(0.2050)	(0.3097)	(0.3907)	(0.2054)	(0.2381)	(0.2171)	(0.1960)	(0.3031)	(0.2814)	(0.4295)	(0.1985)
		[0.7450]	[0.5421]	[0.6633]	[0.5141]	[0.7589]	[0.0996]	[0.4350]	[0.6907]	[0.2942]	[0.4710]	[0.4755]
	β	-0.8045**	-0.8912*	-1.1924*	-0.8862**	-0.9384**	-0.5516	-0.6891**	-0.6015	-0.9233*	-1.2990*	-0.3120
		(0.3498)	(0.5284)	(0.6667)	(0.3504)	(0.4063)	(0.3704)	(0.3344)	(0.5172)	(0.4801)	(0.7328)	(0.3387)
		[0.0231]	[0.0942]	[0.0761]	[0.0127]	[0.0225]	[0.1364]	[0.0414]	[0.2470]	[0.0567]	[0.0808]	[0.3587]

---

① 标准差显示在括号中，p 值显示在方括号中。抽样期间为 2000 年 1 月 3 日至 2010 年 12 月 31 日。*，＊＊，＊＊＊分别代表 10%，5% 和 1% 的显著水平。

（续上表）

		FTA	OI	BM	ID	CG	HL	CS	TM	FN	IT	UT
R_{t+1}	γ	-0.3083	-0.3160	-0.3987	-0.1600	-0.4024	-0.3912	-0.3334	-0.6316*	0.0185	-0.1059	-0.7055***
		(0.2311)	(0.2622)	(0.3779)	(0.2265)	(0.2535)	(0.2531)	(0.2119)	(0.3365)	(0.3406)	(0.3505)	(0.2155)
		[0.1846]	[0.2302]	[0.2935]	[0.4812]	[0.1149]	[0.1247]	[0.1182]	[0.0628]	[0.9567]	[0.7629]	[0.0014]
	β	-0.0718	-0.4965	0.2120	-0.2802	-0.6371	-0.3923	0.0264	-0.3418	0.3571	-0.6319	-0.2277
		(0.3943)	(0.4472)	(0.6447)	(0.3864)	(0.4325)	(0.4318)	(0.3616)	(0.5740)	(0.5810)	(0.5979)	(0.3676)
		[0.8558]	[0.2690]	[0.7429]	[0.4697]	[0.1432]	[0.3654]	[0.9418]	[0.5526]	[0.5400]	[0.2926]	[0.5367]
$R_{\Delta 3t}$	γ	0.0317	0.0636	0.3237	0.1984	-0.4225	-0.7413*	0.1664	-0.7112	0.3628	0.7298	-1.0833***
		(0.3946)	(0.5566)	(0.6636)	(0.4521)	(0.4865)	(0.4327)	(0.3945)	(0.5106)	(0.5208)	(0.7224)	(0.3714)
		[0.9361]	[0.9092]	[0.6266]	[0.6615]	[0.3868]	[0.0932]	[0.6740]	[0.1661]	[0.4874]	[0.3143]	[0.0042]
	β	-0.6135	-1.1327	-0.6136	-1.5880**	-1.3571	-0.7253	-0.4688	-0.3189	-0.6350	-1.2664	-0.0140
		(0.6733)	(0.9497)	(1.1321)	(0.7714)	(0.8301)	(0.7477)	(0.6731)	(0.8711)	(0.8886)	(1.2325)	(0.6336)
		[0.3639]	[0.2352]	[0.5888]	[0.0416]	[0.1046]	[0.3339]	[0.4875]	[0.7149]	[0.4762]	[0.3061]	[0.9824]

B 组：子样本期间（2000 年 1 月至 2007 年 12 月）

		FTA	OI	BM	ID	CG	HL	CS	TM	FN	IT	UT
R_{t-1}	γ	0.5385	0.3859	0.9956**	0.6998	-0.4085	0.0793	0.5931*	0.6415	0.6439	1.2864*	-0.2143
		(0.3544)	(0.4738)	(0.4905)	(0.4436)	(0.4609)	(0.3361)	(0.3053)	(0.5018)	(0.4708)	(0.6526)	(0.3172)
		[0.1322]	[0.4175]	[0.0453]	[0.1181]	[0.3778]	[0.8141]	[0.0552]	[0.2044]	[0.1748]	[0.0518]	[0.5010]
	β	0.4418	0.3863	0.3979	-0.3354	0.2364	0.5043	0.2650	0.9958*	0.2117	0.7963	0.5230
		(0.3609)	(0.4824)	(0.4994)	(0.4517)	(0.4692)	(0.3422)	(0.3109)	(0.5110)	(0.4794)	(0.6645)	(0.3229)
		[0.2241]	[0.4253]	[0.4277]	[0.4596]	[0.6156]	[0.1440]	[0.3963]	[0.0544]	[0.6599]	[0.2339]	[0.1088]
R_t	γ	0.1897	0.8192**	0.2600	0.1129	-0.0981	0.2093	0.1902	-0.1534	0.0791	0.6034	-0.0195
		(0.2803)	(0.4006)	(0.3350)	(0.3480)	(0.3843)	(0.3125)	(0.2937)	(0.5065)	(0.3653)	(0.8168)	(0.2584)
		[0.5003]	[0.0437]	[0.4397]	[0.7463]	[0.7990]	[0.5047]	[0.5189]	[0.7626]	[0.8291]	[0.4619]	[0.9401]
	β	-0.5365*	-0.5925	-0.5314	-0.7272**	-0.7936**	-0.2873	-0.5023*	-0.6419	-0.5388	-1.0929	-0.0865
		(0.2854)	(0.4079)	(0.3410)	(0.3542)	(0.3913)	(0.3182)	(0.2990)	(0.5157)	(0.3720)	(0.8316)	(0.2631)
		[0.0634]	[0.1498]	[0.1227]	[0.0430]	[0.0455]	[0.3689]	[0.0964]	[0.2164]	[0.1509]	[0.1924]	[0.7430]
R_{t+1}	γ	-0.3858	-0.2700	-0.9789**	-0.5863	0.2281	-0.2751	-0.4292	-0.1116	-0.3533	-0.4150	-0.9017***
		(0.3220)	(0.4338)	(0.4091)	(0.3620)	(0.4679)	(0.4200)	(0.3152)	(0.5178)	(0.3747)	(0.6468)	(0.3134)
		[0.2340]	[0.5352]	[0.0188]	[0.1088]	[0.6270]	[0.5141]	[0.1767]	[0.8298]	[0.3482]	[0.5227]	[0.0050]

（续上表）

		FTA	OI	BM	ID	CG	HL	CS	TM	FN	IT	UT
	β	-0.1654	-0.7280	-0.3234	-0.4979	-0.6012	-0.0314	-0.1865	-0.1473	0.1618	-0.7047	-0.1019
		(0.3278)	(0.4417)	(0.4166)	(0.3686)	(0.4764)	(0.4277)	(0.3210)	(0.5272)	(0.3815)	(0.6585)	(0.3191)
		[0.6151]	[0.1028]	[0.4395]	[0.1802]	[0.2102]	[0.9417]	[0.5626]	[0.7806]	[0.6725]	[0.2874]	[0.7502]
$R_{\Delta 3t}$	γ	0.3425	0.9351	0.2766	0.2265	-0.2785	0.0134	0.3541	0.3764	0.3696	1.4748	-1.1354**
		(0.5337)	(0.7983)	(0.8051)	(0.8005)	(0.8597)	(0.5851)	(0.5647)	(0.8367)	(0.7108)	(1.3530)	(0.5158)
		[0.5227]	[0.2445]	[0.7319]	[0.7779]	[0.7467]	[0.9817]	[0.5322]	[0.6539]	[0.6043]	[0.2786]	[0.0302]
	β	-0.2601	-0.9342	-0.4570	-1.5605*	-1.1584	0.1856	-0.4239	0.2067	-0.1653	-1.0003	0.3345
		(0.5434)	(0.8128)	(0.8197)	(0.8151)	(0.8753)	(0.5958)	(0.5749)	(0.8519)	(0.7237)	(1.3776)	(0.5252)
		[0.6334]	[0.2534]	[0.5786]	[0.0587]	[0.1890]	[0.7561]	[0.4629]	[0.8089]	[0.8198]	[0.4696]	[0.5257]

C 组：子样本期间（2007 年 12 月至 2010 年 12 月）

		FTA	OI	BM	ID	CG	HL	CS	TM	FN	IT	UT
R_{t-1}	γ	0.0770	0.1216	0.2997	0.0025	0.2757	0.0543	0.2291	-0.1770	-0.2082	0.1916	-0.2682
		(0.3572)	(0.4461)	(0.7705)	(0.2865)	(0.2997)	(0.4071)	(0.3540)	(0.4480)	(0.4664)	(0.3943)	(0.2914)
		[0.8306]	[0.7870]	[0.6999]	[0.9930]	[0.3644]	[0.8947]	[0.5221]	[0.6954]	[0.6583]	[0.6303]	[0.3643]
	β	-1.1619	-0.7839	0.2135	-0.7332	-0.5999	-2.2546	-0.2998	-2.2676	-2.2812	0.3194	0.3709
		(1.5705)	(1.9615)	(3.3875)	(1.2598)	(1.3175)	(1.7896)	(1.5564)	(1.9696)	(2.0505)	(1.7335)	(1.2811)
		[0.4648]	[0.6921]	[0.9501]	[0.5647]	[0.6520]	[0.2168]	[0.8484]	[0.2581]	[0.2742]	[0.8550]	[0.7741]
R_t	γ	0.0820	-0.0461	-0.3131	0.1915	-0.0141	-0.5802	0.1970	-0.1224	0.5223	0.2463	-0.1473
		(0.3632)	(0.5757)	(0.8276)	(0.2855)	(0.3626)	(0.3586)	(0.3229)	(0.4409)	(0.5108)	(0.4107)	(0.3640)
		[0.8228]	[0.9366]	[0.7077]	[0.5072]	[0.9692]	[0.1154]	[0.5462]	[0.7830]	[0.3142]	[0.5529]	[0.6884]
	β	-3.0748**	-2.9172	-7.0504*	-2.3314*	-2.2176	-2.4301	-2.2451	-0.3369	-4.5578*	-2.4856	-2.2811
		(1.5967)	(2.5308)	(3.6385)	(1.2552)	(1.5941)	(1.5764)	(1.4197)	(1.9384)	(2.2458)	(1.8055)	(1.6002)
		[0.0631]	[0.2576]	[0.0615]	[0.0725]	[0.1738]	[0.1330]	[0.1236]	[0.8631]	[0.0508]	[0.1782]	[0.1637]
R_{t+1}	γ	-0.2769	-0.3908	-0.2142	0.0094	-0.6959**	-0.3470	-0.3277	-0.8318	0.1763	0.0605	-0.5803
		(0.4043)	(0.3683)	(0.7131)	(0.3279)	(0.2665)	(0.3487)	(0.3371)	(0.5450)	(0.6828)	(0.3615)	(0.3662)
		[0.4983]	[0.2967]	[0.7659]	[0.9773]	[0.0136]	[0.3271]	[0.3384]	[0.1368]	[0.7980]	[0.8681]	[0.1229]

（续上表）

		FTA	OI	BM	ID	CG	HL	CS	TM	FN	IT	UT
	β	0.8701	1.7779	4.8254	1.3707	-0.1287	-3.5142**	2.0135	-1.4581	1.9569	-0.0124	-1.6691
		(1.7775)	(1.6193)	(3.1352)	(1.4417)	(1.1716)	(1.5330)	(1.4822)	(2.3956)	(3.0020)	(1.5893)	(1.6099)
		[0.6278]	[0.2804]	[0.1336]	[0.3489]	[0.9132]	[0.0286]	[0.1838]	[0.5471]	[0.5191]	[0.9938]	[0.3076]
$R_{\Delta 3t}$	γ	-0.1179	-0.3153	0.3986	0.2035	-0.4343	-0.8729	0.0985	-1.1312	0.4903	0.4984	-0.9958
		(0.7187)	(0.9737)	(1.3093)	(0.5810)	(0.6271)	(0.7402)	(0.6943)	(0.7219)	(0.9396)	(0.7028)	(0.6253)
		[0.8708]	[0.7482]	[0.7628]	[0.7285]	[0.4936]	[0.2470]	[0.8881]	[0.1269]	[0.6054]	[0.4833]	[0.1211]
	β	-3.3667	-1.9232	-2.0115	-1.6939	-2.9462	-9.1989**	-0.5314	-4.0626	-4.8820	-2.1786	-3.5792
		(3.1597)	(4.2808)	(5.7565)	(2.5543)	(2.7569)	(3.2542)	(3.0524)	(3.1736)	(4.1310)	(3.0898)	(2.7493)
		[0.2946]	[0.6563]	[0.7290]	[0.5120]	[0.2932]	[0.0169]	[0.8629]	[0.2097]	[0.2460]	[0.4858]	[0.2023]

　　研究结果表明，货币供应量公告对股票收益既不存在预告效应也不存在延迟效应。表6-1的A组显示，除了两个系数在公告日前和公告日后是显著的，其他都是不显著的。这符合 Bredin 等（2005），Jensen and Johnson（1993），Pearce and Roley（1985）的研究，他们没有发现预告效应，他们表明对美国市场而言，股票收益对于货币政策公告不存在延迟效应。根据本章的结果，Goodhart and Smith（1985），MacDonald and Torrance（1987）也没有发现在英国市场中股票价格对货币供应的消息有延迟效应。

　　表6-1的B组和C组显示出货币供应量非预期变化的影响在金融危机之前和之后有所不同。在金融危机之前，货币供应量非预期变化每增加1%，股票收益下降0.54%。但是随着金融危机的到来，在公告日，货币供应量非预期变化每增加1%，则股票收益下降3.07%。2007年金融危机爆发后，总体市场的反应幅度达到6倍以上，从大多数行业指数中也可以看出同样的反应。这可能是因为英格兰银行主要以货币供应为货币政策工具，而金融市场在金融危机后以更明显的方式对货币供应的变化作出了反应。此外，它也可能反映了市场参与者在信贷危机期间有更高的敏感性。

表 6-2 货币供应量非预期变化对公告日股市波动性的影响[①]

	FTA	OI	BM	ID	CG	HL	CS	TM	FN	IT	UT
β_0	0.0005***	0.0006**	0.0007***	0.0007***	0.0006***	0.0002	0.0004***	0.0004	0.0004**	0.0005*	0.0005***
	(0.0002)	(0.0002)	(0.0002)	(0.0002)	(0.0002)	(0.0002)	(0.0002)	(0.0002)	(0.0002)	(0.0002)	(0.0002)
	[0.0039]	[0.0131]	[0.0004]	[0.0002]	[0.0010]	[0.1385]	[0.0044]	[0.1189]	[0.0242]	[0.0585]	[0.0012]
β_1	-0.3285	-0.5016	-0.4035	-0.4526	-0.3014	-0.3637	-0.1427	-0.5062	-0.2017	-0.7153	-0.0956
	(0.2432)	(0.4424)	(0.2630)	(0.3153)	(0.3374)	(0.3660)	(0.2516)	(0.4538)	(0.3195)	(0.4688)	(0.3337)
	[0.1768]	[0.2569]	[0.12497]	[0.1512]	[0.3718]	[0.3204]	[0.5708]	[0.2646]	[0.5278]	[0.1270]	[0.7745]
β_2	-0.0381*	-0.0164	0.0855***	0.0925***	0.0044	-0.0346*	0.0516***	0.0353*	0.0086	0.0730***	-0.0492*
	(0.0204)	(0.0198)	(0.0201)	(0.0196)	(0.0195)	(0.0179)	(0.0198)	(0.0191)	(0.0194)	(0.0186)	(0.0193)
	[0.0618]	[0.4075]	[0.0000]	[0.0000]	[0.8228]	[0.0693]	[0.0093]	[0.0617]	[0.6593]	[0.0000]	[0.0107]
α_0	1.2e-6***	3.4e-6***	1.7e-6***	3.3e-6***	1.5e-7***	2.2e-6***	1.2e-6***	1.4e-6***	1.5e-6***	2.1e-6***	2.8e-6***
	(2.6e-7)	(7.4e-7)	(3.2e-7)	(5.0e-7)	(2.5e-7)	(4.2e-7)	(2.6e-7)	(3.8e-7)	(3.0e-7)	(4.0e-7)	(3.9e-7)
	[0.0000]	[0.0000]	[0.0000]	[0.0000]	[0.0000]	[0.0000]	[0.0000]	[0.0003]	[0.0000]	[0.0000]	[0.0000]
α_1	0.8873***	0.9067***	0.8901***	0.8741***	0.9121***	0.9006***	0.8841***	0.9273***	0.8924***	0.9124***	0.8853***
	(0.0099)	(0.0105)	(0.0095)	(0.0096)	(0.0066)	(0.0087)	(0.0098)	(0.0072)	(0.0081)	(0.0076)	(0.0071)
	[0.0000]	[0.0000]	[0.0000]	[0.0000]	[0.0000]	[0.0000]	[0.0000]	[0.0000]	[0.0000]	[0.0000]	[0.0000]
α_2	0.1126***	0.0803***	0.1059***	0.1239***	0.0797**	0.0770***	0.1176***	0.0704***	0.1055***	0.0788***	0.0909***
	(0.0048)	(0.0080)	(0.0100)	(0.0085)	(0.0062)	(0.0071)	(0.0048)	(0.0065)	(0.0080)	(0.0075)	(0.0071)
	[0.0000]	[0.0000]	[0.0000]	[0.0000]	[0.0000]	[0.0000]	[0.0000]	[0.0000]	[0.0000]	[0.0000]	[0.0000]
δ_1	-0.0170	-0.0315	-0.0607	0.0925***	0.1049	-0.0346	-0.1282	-0.1958*	-0.1059	-0.0807	-0.1313
	(0.1149)	(0.1268)	(0.1112)	(0.0196)	(0.1296)	(0.1139)	(0.1048)	(0.1048)	(0.1073)	(0.1085)	(0.1063)
	[0.8826]	[0.8038]	[0.5853]	[0.0000]	[0.4182]	[0.7613]	[0.2214]	[0.0617]	[0.3234]	[0.4567]	[0.2168]
δ_2	-0.1677	-0.0113	-0.3026***	-0.0525	-0.2310**	0.1186	-0.1720	0.0828	-0.0747	-0.0514	-0.0907
	(0.1108)	(0.1590)	(0.0954)	(0.0907)	(0.1113)	(0.1606)	(0.1334)	(0.1650)	(0.1384)	(0.1377)	(0.1343)
	[0.1302]	[0.9524]	[0.0015]	[0.5629]	[0.0379]	[0.4604]	[0.1974]	[0.6157]	[0.5893]	[0.7087]	[0.4996]
δ_3	0.0400	-0.0072	0.1739	-0.2893***	-0.2135*	0.0956	0.1889	0.1440	-0.0060	-0.1465	0.2078
	(0.1023)	(0.1202)	(0.1290)	(0.0936)	(0.1257)	(0.1097)	(0.1507)	(0.1158)	(0.1093)	(0.0894)	(0.1270)
	[0.6956]	[0.9524]	[0.1777]	[0.0020]	[0.0893]	[0.3832]	[0.2101]	[0.2136]	[0.9560]	[0.1014]	[0.1018]

[①] 标准差显示在括号中，p 值显示在方括号中。使用 Bollerslevt and Wooldridge (1992) 的程序进行鲁棒测试和 Wald 测试。*，**，*** 分别代表 10%，5% 和 1% 的显著水平，表 6-3 和表 6-4 同。

（续上表）

	FTA	OI	BM	ID	CG	HL	CS	TM	FN	IT	UT
Hypothesis test （P – values for the Wald Statistics） $\delta_1 = \delta_2 = \delta_3 = 0$											
	[0.0537]	[0.9548]	[0.004]	[0.000]	[0.0590]	[0.1227]	[0.0262]	[0.2493]	[0.0256]	[0.0016]	[0.0880]

表6 – 3　货币供应量非预期变化对 2007 年 12 月前后股市波动性的影响

	FTA	OI	BM	ID	CG	HL	CS	TM	FN	IT	UT
β_0	0.0004***	0.0006***	0.0008***	0.0007***	0.0006***	0.0002	0.0004***	0.0004	0.0004**	0.0004*	0.0005***
	(0.0002)	(0.0002)	(0.0002)	(0.0002)	(0.0002)	(0.0002)	(0.0002)	(0.0002)	(0.0002)	(0.0002)	(0.0002)
	[0.0044]	[0.0143]	[0.0003]	[0.0002]	[0.0015]	[0.1493]	[0.0048]	[0.1054]	[0.0000]	[0.0605]	[0.0000]
β_1	– 0.2911	– 0.4454	– 0.4075*	– 0.4134	– 0.2232	– 0.3421	– 0.1522	– 0.4881	– 0.1776	– 0.7431	– 0.0602
	(0.2008)	(0.3658)	(0.2150)	(0.2884)	(0.2860)	(0.3181)	(0.2297)	(0.4057)	(0.2966)	(0.4665)	(0.2892)
	[0.1473]	[0.2233]	[0.0581]	[0.1517]	[0.4351]	[0.2821]	[0.5076]	[0.2290]	[0.5493]	[0.1111]	[0.8352]
β_2	– 0.0380*	– 0.0167	0.0829***	0.0909***	– 0.0026	0.0330*	0.0500**	– 0.0375*	0.0081	0.0726***	– 0.0522***
	(0.0205)	(0.0198)	(0.0202)	(0.0196)	(0.0194)	(0.0180)	(0.0198)	(0.0193)	(0.0196)	(0.0186)	(0.0194)
	[0.0642]	[0.4011]	[0.0000]	[0.0000]	[0.8929]	[0.0672]	[0.0118]	[0.0522]	[0.6785]	[0.0000]	[0.0070]
α_0	1.6e – 6***	4.0e – 6***	2.1e – 6***	3.7e – 6***	1.5e – 7***	2.5e – 6***	1.5e – 6***	1.6e – 6***	1.9e – 6***	2.1e – 6***	3.4e – 6***
	(0.0000)	(0.0000)	(0.0000)	(0.0000)	(0.0000)	(0.0000)	(0.0000)	(0.0000)	(0.0000)	(0.0000)	(0.0000)
	[0.0000]	[0.0000]	[0.0000]	[0.0000]	[0.0000]	[0.0000]	[0.0000]	[0.0000]	[0.0000]	[0.0000]	[0.0000]
α_1	0.8816***	0.9024***	0.8871***	0.8693***	0.9118***	0.8984***	0.8787***	0.9209***	0.8891***	0.9130***	0.8761***
	(0.0103)	(0.0111)	(0.0103)	(0.0098)	(0.0067)	(0.0093)	(0.0103)	(0.0078)	(0.0081)	(0.0076)	(0.0105)
	[0.0000]	[0.0000]	[0.0000]	[0.0000]	[0.0000]	[0.0000]	[0.0000]	[0.0000]	[0.0000]	[0.0000]	[0.0000]
α_2	0.1143***	0.0808***	0.1053***	0.1259***	0.0804***	0.0769***	0.1199***	0.0761***	0.1047***	0.0784***	0.0925***
	(0.0100)	(0.0083)	(0.0102)	(0.0086)	(0.0064)	(0.0074)	(0.0093)	(0.0071)	(0.0079)	(0.0076)	(0.0074)
	[0.0000]	[0.0000]	[0.0000]	[0.0000]	[0.0000]	[0.0000]	[0.0000]	[0.0000]	[0.0000]	[0.0000]	[0.0000]
δ_1	– 0.0937	– 0.0165	– 0.0365	– 0.0758	0.0724	– 0.0373	– 0.2089*	– 0.2687**	– 0.1357	– 0.0694	– 0.1221
	(0.1270)	(0.1424)	(0.1215)	(0.0992)	(0.1487)	(0.1327)	(0.1130)	(0.1086)	(0.1175)	(0.1309)	(0.1228)
	[0.4606]	[0.9907]	[0.7639]	[0.4447]	[0.6265]	[0.7786]	[0.0646]	[0.0134]	[0.2481]	[0.5959]	[0.3201]
δ_2	– 0.2819**	– 0.2753*	– 0.4263***	– 0.4016***	– 0.4442***	– 0.1126	– 0.2443	– 0.1245	– 0.1590	– 0.1563	– 0.2790**
	(0.1264)	(0.1462)	(0.0913)	(0.0975)	(0.0946)	(0.1434)	(0.1511)	(0.1547)	(0.1573)	(0.1406)	(0.1339)
	[0.0258]	[0.0598]	[0.0000]	[0.0000]	[0.0000]	[0.4323]	[0.1059]	[0.4211]	[0.3120]	[0.2665]	[0.0372]

（续上表）

	FTA	OI	BM	ID	CG	HL	CS	TM	FN	IT	UT
δ_3	0.1961	0.2170	0.4288**	0.2255	0.7020***	0.3266**	-0.3009	0.5029***	0.0234	-0.0544	0.3374*
	(0.1592)	(0.1977)	(0.1675)	(0.1567)	(0.2014)	(0.1391)	(0.1997)	(0.1854)	(0.1431)	(0.1073)	(0.1795)
	[0.2180]	[0.2723]	[0.0105]	[0.1501]	[0.0005]	[0.0189]	[0.1320]	[0.0067]	[0.8700]	[0.6120]	[0.0601]
δ_4	0.3110	-0.1250	0.3535	-0.0403	0.1528	-0.0258	0.1151	0.0315	-0.0090	-0.1124	-0.1630
	(0.2640)	(0.3053)	(0.2506)	(0.1838)	(0.2340)	(0.2096)	(0.2475)	(0.2652)	(0.2310)	(0.1842)	(0.1848)
	[0.2387]	[0.6822]	[0.1583]	[0.8266]	[0.5138]	[0.9021]	[0.6418]	[0.9053]	[0.9690]	[0.5417]	[0.3779]
δ_5	0.0561	0.8110	-0.0403	0.0268	0.3168	0.7319	-0.0231	0.4720	0.1223	0.2538	-0.5003
	(0.2612)	(0.6950)	(0.2805)	(0.2500)	(0.2771)	(0.5080)	(0.3050)	(0.4465)	(0.3210)	(0.3828)	(0.3894)
	[0.8300]	[0.2432]	[0.8858]	[0.9146]	[0.4009]	[0.1496]	[0.9395]	[0.2904]	[0.7032]	[0.5072]	[0.1990]
δ_6	-0.1856	-0.2863*	-0.1748	-0.0752	-0.3152**	-0.2209	-0.0009	-0.2768**	-0.0671	-0.3291**	0.0310
	(0.1400)	(0.1519)	(0.2078)	(0.1646)	(0.1461)	(0.1666)	(0.2436)	(0.1305)	(0.1859)	(0.1623)	(0.1915)
	[0.1848]	[0.0594]	[0.4002]	[0.6476]	[0.0310]	[0.1850]	[0.9969]	[0.0340]	[0.7183]	[0.0426]	[0.8716]

Hypothesis test（P – values for the Wald Statistics）$\delta_1 = \delta_2 = \delta_3 = \delta_4 = \delta_5 = \delta_6 = 0$

[0.0002]	[0.0584]	[0.0000]	[0.0000]	[0.0000]	[0.1038]	[0.0001]	[0.0001]	[0.0009]	[0.0038]	[0.0005]
[0.2145]	[0.0534]	[0.4319]	[0.8584]	[0.1314]	[0.2859]	[0.9104]	[0.2023]	[0.9581]	[0.0000]	[0.2820]

　　研究货币供应量非预期变化对股市波动性的影响，结果见表6-2和表6-3。总的来说，在2007年金融危机爆发之前，货币供应量出现非预期的变化对英国股市的波动有影响，但这种影响在金融危机之后消失。表6-3显示，金融危机前，总体市场和5个行业指数的系数δ_2显著为正，而金融危机后系数δ_5则不显著。这些结果表明，金融危机爆发后，尽管英格兰银行向市场注入更多资金，但货币供应量的变化对股市没有影响。此外，表6-3也表明不存在预告效应，但可以观察到微弱的延迟效应。更具体地说，δ_3和δ_6对于几个行业指数来说具有统计意义，尽管它们对于总体市场来说并不显著。

表6-4　货币供应量非预期变化对股市波动的非对称效应

	FTA	OI	BM	ID	CG	HL	CS	TM	FN	IT	UT
β_0	0.0005***	0.0006***	0.0007***	0.0008***	0.0007***	0.0003	0.0005***	0.0004*	0.0005**	0.0005**	0.0006***
	(0.0002)	(0.0002)	(0.0002)	(0.0002)	(0.0002)	(0.0002)	(0.0002)	(0.0002)	(0.0002)	(0.0002)	(0.0002)
	[0.0018]	[0.0091]	[0.0001]	[0.0000]	[0.0003]	[0.1031]	[0.0032]	[0.0912]	[0.0112]	[0.0413]	[0.0006]
β_1	-0.7018**	-0.8641*	-0.1230***	-1.0322***	-1.0114***	-0.6405*	-0.2299	-0.6522	-0.5902	-1.1853***	0.2288
	(0.3025)	(0.4882)	(0.3939)	(0.3156)	(0.4225)	(0.3744)	(0.3213)	(0.5263)	(0.4578)	(0.4162)	(0.4002)
	[0.0203]	[0.0767]	[0.7547]	[0.0010]	[0.0167]	[0.0871]	[0.4743]	[0.2152]	[0.1973]	[0.0044]	[0.5674]
β_2	0.0841	-0.0019	-0.1230	0.4304	0.5719	-0.0185	-0.0202	-0.2923	0.3083	0.0228***	0.0660
	(0.0205)	(0.8815)	(0.3939)	(0.5794)	(0.7347)	(0.7643)	(0.5463)	(0.8711)	(0.4684)	(1.1701)	(0.6900)
	[0.8616]	[0.9983]	[0.7547]	[0.4576]	[0.4363]	[0.9807]	[0.9705]	[0.7372]	[0.5104]	[0.9844]	[0.9238]
β_3	-0.0385*	-0.0167	0.0864***	0.0886***	0.0018***	-0.0311*	0.0503**	0.0376*	0.0100	0.0675***	-0.0484**
	(0.0205)	(0.0198)	(0.0201)	(0.0197)	(0.0194)	(0.0180)	(0.0198)	(0.0195)	(0.0195)	(0.0191)	(0.0192)
	[0.0599]	[0.3999]	[0.0000]	[0.0000]	[0.0000]	[0.0829]	[0.0110]	[0.0545]	[0.6071]	[0.0004]	[0.0119]
α_0	1.2e-6***	3.3e-6***	1.7e-6***	3.1e-6***	1.4e-6***	2.2e-6***	1.3e-6***	1.4e-6***	1.5e-6***	2.0e-6***	2.7e-6***
	(2.6e-7)	(7.3e-7)	(3.2e-7)	(4.7e-7)	(2.5e-7)	(4.0e-7)	(2.6e-7)	(3.6e-7)	(3.0e-7)	(3.8e-7)	(3.7e-7)
	[0.0000]	[0.0000]	[0.0000]	[0.0000]	[0.0000]	[0.0000]	[0.0000]	[0.0000]	[0.0000]	[0.0000]	[0.0000]
α_1	0.8893***	0.9077***	0.8904***	0.8787***	0.9176***	0.9026***	0.8847***	0.9313***	0.8906***	0.9129***	0.8892***
	(0.0096)	(0.0098)	(0.0092)	(0.0053)	(0.0063)	(0.0085)	(0.0097)	(0.0068)	(0.0080)	(0.0074)	(0.0087)
	[0.0000]	[0.0000]	[0.0000]	[0.0000]	[0.0000]	[0.0000]	[0.0000]	[0.0000]	[0.0000]	[0.0000]	[0.0000]
α_2	0.1012***	0.0790***	0.1079***	0.1204***	0.0775***	0.0753***	0.1060***	0.0650***	0.1054***	0.0843***	0.0883***
	(0.0097)	(0.0078)	(0.0101)	(0.0084)	(0.0060)	(0.0072)	(0.0097)	(0.0058)	(0.0081)	(0.0074)	(0.0069)
	[0.0000]	[0.0000]	[0.0000]	[0.0000]	[0.0000]	[0.0000]	[0.0000]	[0.0000]	[0.0000]	[0.0000]	[0.0000]
δ_1	-0.2143***	-0.0422	-0.1945***	-0.3425***	-0.1542**	0.0817	-0.2855***	-0.0859	-0.2889***	-0.3230***	-0.1018
	(0.0674)	(0.0900)	(0.0695)	(0.0478)	(0.0683)	(0.0834)	(0.0719)	(0.0779)	(0.0665)	(0.0581)	(0.0726)
	[0.0015]	[0.6391]	[0.0051]	[0.0000]	[0.0241]	[0.3271]	[0.0000]	[0.2702]	[0.0000]	[0.0000]	[0.1610]
δ_2	-0.0698	-0.0339	-0.1618**	-0.2016***	0.0428	0.2462**	-0.0169	0.0937	-0.0562	-0.0936	-0.0096
	(0.0796)	(0.0901)	(0.0680)	(0.0696)	(0.0767)	(0.0959)	(0.0934)	(0.0726)	(0.0661)	(0.0707)	(0.0867)
	[0.3807]	[0.7067]	[0.0174]	[0.0038]	[0.5767]	[0.0102]	[0.8564]	[0.1969]	[0.3953]	[0.1856]	[0.9117]

Hypothesis test (P - values for the Wald Statistics)

	FTA	OI	BM	ID	CG	HL	CS	TM	FN	IT	UT
$\beta_1=\beta_2$	[0.0000]	[0.0003]	[0.0000]	[0.0000]	[0.0000]	[0.0000]	[0.0001]	[0.0050]	[0.0000]	[0.0000]	[0.0028]
$\delta_1=\delta_2$	[0.0000]	[0.0000]	[0.0000]	[0.0000]	[0.0000]	[0.0000]	[0.0000]	[0.0000]	[0.0000]	[0.0000]	[0.0000]

表 6 - 4 中的结果表明，货币供应量的正向非预期变化表明未来利率的上涨（坏消息）会触发与负向变化（好消息）不同的反应。原假设 $\beta_+ = \beta_-$ 和 $\delta_1 = \delta_2$ 能够被总体市场和 10 个行业所拒绝。在均值方程中，货币供应量非预期变化每增加 1%，整体市场会下降 0.7%，但是对于非预期变化的减少，市场却没有受到影响。在方差方程中，对于整体市场而言，系数 δ_1 是显著的，但是系数 δ_2 是不显著的，这表明仅仅坏消息会影响总体市场的波动性。同样，在平均方程中，6 个行业对货币供应量非预期变化作出了显著的反应，而在方差方程中，货币供应量的非预期变化在更大的波动幅度上显著影响了市场上的 6 个行业。这个发现类似于 Jensen and Johnson（1995）以及 Madura（2000）的结论，他们都提出了货币供应量非对称效应的证据。因此，本章的研究结果表明货币供应量非预期变化导致不对称效应，即在公告日，股票市场波动性对货币供应量非预期增加的反应程度大于货币供应量非预期减少的反应程度。

6.4 利率政策对股票市场影响的实证分析

英国官方银行利率变动对股票收益的影响如表6 -5所示。一般来说，只有非预期的利率变动会对公告日和公告日前一天的股票收益整体存在显著负面影响，而预期的利率变动对其影响不大，这与有效市场假说一致。在 2007 年金融危机之后，在公告日这种预期的影响才变得明显。A 组显示，利率非预期增长 1%——意味着货币政策紧缩——导致股票收益下跌 1.3%。同时也发现利率的非预期增长带来的显著负面影响也存在于 CS 和 UT 中。这与 Bredin 等（2007）的研究结果一致，其声称英国官方银行利率对英国总体股票收益存在负面影响。相比之下，Gregoriou（2006）提供了预期和非预期的英国官方银行利率公告均会对股票市场造成重大影响的证据。相似的结果可以在一些研究其他市场的文献中被发现，例如 Thorbecke and Alami（1994），Thorbecke（1997），Ehrmann and Fratzscher（2004），Bernanke and Kuttner（2005），Chulia-Soler 等（2007）以及 Serwa（2006）的研究。

表6-5 预期和非预期的利率变动对股票收益的影响①

A组：全样本期间（1971年1月至2010年12月）

		FTA	OI	BM	ID	CG	HL	CS	TM	FN	IT	UT
R_{t-1}	γ	-0.0098	-0.2258	-0.1113	0.0848	-0.0615	0.1299	-0.1916	-0.2290	0.2228	-0.2213	0.1424
		(0.1187)	(0.2830)	(0.3312)	(0.2269)	(0.2578)	(0.2175)	(0.2107)	(0.3102)	(0.2343)	(0.3425)	(0.2182)
		[0.9340]	[0.4259]	[0.7372]	[0.7089]	[0.8116]	[0.5511]	[0.3643]	[0.4611]	[0.3427]	[0.5189]	[0.5147]
	β	-0.5798**	-0.7941	-0.7202	-0.5245	-0.4211	-1.0246*	-0.8161	-0.9906	-1.9839***	-0.7979	-1.0929*
		(0.2362)	(0.7917)	(0.9263)	(0.6347)	(0.7210)	(0.6086)	(0.5894)	(0.8676)	(0.6554)	(0.9579)	(0.5877)
		[0.0147]	[0.3170]	[0.4377]	[0.3626]	[0.5598]	[0.0937]	[0.1676]	[0.2548]	[0.0028]	[0.4058]	[0.0643]
R_t	γ	-0.0100	-0.2912	0.5659	0.0035	-0.1578	0.1300	-0.1400	0.2225	0.02064	-0.2093	-0.3998*
		(0.1309)	(0.2713)	(0.3873)	(0.2602)	(0.2696)	(0.2232)	(0.2219)	(0.3256)	(0.3017)	(0.4576)	(0.2342)
		[0.9391]	[0.2842]	[0.1454]	[0.9893]	[0.5591]	[0.5610]	[0.5289]	[0.4952]	[0.9455]	[0.6479]	[0.0892]
	β	-1.2766***	0.9666	-1.2378	-0.4862	0.1943	-0.6771	-1.3060**	-1.2398	-0.9353	0.3793	-1.3894**
		(0.2603)	(0.7587)	(1.0831)	(0.7277)	(0.7541)	(0.6243)	(0.6207)	(0.9108)	(0.8438)	(1.2798)	(0.6305)
		[0.0000]	[0.2040]	[0.2544]	[0.5048]	[0.7969]	[0.2793]	[0.0365]	[0.1749]	[0.2689]	[0.7672]	[0.0286]
R_{t+1}	γ	-0.1950	-0.3091	-0.4405	-0.1624	-0.2885	-0.0770	-0.1191	-0.0615	-0.1798	-0.4697	-0.0098
		(0.1256)	(0.2773)	(0.3008)	(0.2366)	(0.2640)	(0.2187)	(0.2127)	(0.2683)	(0.2535)	(0.3309)	(0.2069)
		[0.1216]	[0.2663]	[0.1445]	[0.4933]	[0.2757]	[0.7250]	[0.5760]	[0.8189]	[0.4789]	[0.1572]	[0.9622]
	β	-1.088	0.1461	0.8821	1.2617*	0.7699	0.4096	0.5903	0.3436	1.0296	1.2753	0.1083
		(0.2499)	(0.7756)	(0.8413)	(0.6619)	(0.7385)	(0.6116)	(0.5949)	(0.7505)	(0.7089)	(0.9255)	(0.5572)
		[0.6636]	[0.8508]	[0.2956]	[0.0580]	[0.2983]	[0.5038]	[0.3221]	[0.6475]	[0.1479]	[0.1696]	[0.8461]
$R_{\Delta t}$	γ	-0.2149*	-0.8261	0.0141	-0.0741	-0.5078	0.1828	-0.4507	-0.0681	0.0637	-0.9002	-0.2672
		(0.2312)	(0.4584)	(0.6329)	(0.4720)	(0.5050)	(0.4063)	(0.4165)	(0.5592)	(0.4998)	(0.7577)	(0.3962)
		[0.3534]	[0.0729]	[0.9822]	[0.8754]	[0.3157]	[0.6532]	[0.2805]	[0.9032]	[0.8987]	[0.2361]	[0.5008]
	β	-1.9652***	0.3187	-1.0758	0.2511	0.5430	-1.2921	-1.5317	-1.8869	-1.8896	0.8567	-2.3740**
		(0.4599)	(1.2821)	(1.7702)	(1.3201)	(1.4124)	(1.1365)	(1.1650)	(1.5640)	(1.3979)	(2.1193)	(1.0668)
		[0.0000]	[0.8039]	[0.5440]	[0.8493]	[0.7010]	[0.2568]	[0.1900]	[0.2290]	[0.1779]	[0.6864]	[0.0271]

B组：子样本期间（1971年1月至1997年5月）

		FTA	OI	BM	ID	CG	HL	CS	TM	FN	IT	UT
R_{t-1}	γ	0.0191	-0.1286	-0.0082	0.1578	0.0447	0.1318	-0.0586	-0.0516	0.4164	-0.2013	0.1956
		(0.1231)	(0.271)	(0.2945)	(0.2784)	(0.3747)	(0.2706)	(0.2389)	(0.2963)	(0.2571)	(0.2428)	(0.2848)
		[0.8771]	[0.6371]	[0.9779]	[0.5732]	[0.9053]	[0.6284]	[0.8072]	[0.8623]	[0.1115]	[0.4110]	[0.4957]

① 标准差显示在括号中，p 值显示在方括号中。所采用的抽样期分别是：FTA 为 1978 年 1 月 3 日至 2010 年 12 月 31 日，UT 为 1986 年 12 月 9 日至 2010 年 12 月 31 日，而其余 9 个行业指数（OI，BM，ID，CG，HL，CS，TM，FN，IT）为 1986 年 1 月 1 日至 2010 年 12 月 31 日。*，**，*** 分别代表 10%，5% 和 1% 的显著水平。

（续上表）

		FTA	OI	BM	ID	CG	HL	CS	TM	FN	IT	UT
	β	-0.5847**	-0.6259	-0.8895	-0.7117	-0.3086	-1.0307	-1.0608*	-0.8518	-1.7607***	-0.8403	-1.0240
		(0.236)	(0.6868)	(0.7465)	(0.7056)	(0.9495)	(0.6859)	(0.6055)	(0.7509)	(0.6517)	(0.6153)	(0.6795)
		[0.0144]	[0.3664]	[0.2390]	[0.3179]	[0.7465]	[0.1391]	[0.0858]	[0.262]	[0.0093]	[0.1780]	[0.1388]
R_t	γ	-0.1759	-0.6699**	-0.4797	-0.3598	-0.4151*	-0.1374	-0.4022	-0.4188	-0.3977	-0.6296*	-1.0215***
		(0.1112)	(0.2512)	(0.2981)	(0.2236)	(0.2422)	(0.2197)	(0.2525)	(0.2551)	(0.275)	(0.3254)	(0.3254)
		[0.1161]	[0.0103]	[0.1138]	[0.1138]	[0.0926]	[0.5344]	[0.1173]	[0.1068]	[0.1543]	[0.0586]	[0.0030]
	β	-1.2744***	0.7372	-1.5080*	-0.7455	0.1348	-0.7083	-1.5553**	-1.3476**	-1.3821*	0.1774	-1.3995*
		(0.2133)	(0.6368)	(0.7555)	(0.5667)	(0.6138)	(0.5567)	(0.6399)	(0.6464)	(0.6971)	(0.8247)	(0.7762)
		[0.0000]	[0.2523]	[0.0513]	[0.1942]	[0.8270]	[0.2090]	[0.0186]	[0.0421]	[0.0528]	[0.8305]	[0.0781]
R_{t+1}	γ	-0.2540*	-0.4853	-0.4831	-0.3369	-0.4113	-0.2326	-0.3009	-0.3373	-0.3918	-0.6312*	-0.1433
		(0.1399)	(0.3195)	(0.3382)	(0.3259)	(0.4209)	(0.2839)	(0.2859)	(0.2448)	(0.3014)	(0.3464)	(0.2586)
		[0.0715]	[0.1351]	[0.1593]	[0.3061]	[0.3331]	[0.4163]	[0.2975]	[0.1742]	[0.1995]	[0.0743]	[0.5822]
	β	-0.0700	0.3155	0.9859	1.0860	0.7865	0.9192	0.7773	0.3251	1.1395	1.2323	0.4285
		(0.2682)	(0.8098)	(0.8571)	(0.826)	(1.0667)	(0.7194)	(0.7245)	(0.6204)	(0.7639)	(0.8778)	(0.617)
		[0.7944]	[0.6984]	[0.2554]	[0.1945]	[0.4643]	[0.2071]	[0.2884]	[0.6026]	[0.1420]	[0.1665]	[0.4909]
$R_{\Delta t}$	γ	-0.4108	-1.2838**	-0.9710	-0.5388	-0.7817	-0.2382	-0.7618	-0.8079*	-0.3731	-1.4622**	-0.9692
		(0.2539)	(0.6118)	(0.7431)	(0.6312)	(0.8111)	(0.5702)	(0.5959)	(0.47195)	(0.6018)	(0.6696)	(0.5941)
		[0.1081]	[0.0408]	[0.1972]	[0.3973]	[0.3398]	[0.6778]	[0.2069]	[0.0930]	[0.5380]	[0.0336]	[0.1098]
	β	-1.9291***	0.4269	-1.4115	-0.3712	0.6127	-0.8198	-1.8388	-1.8743	-2.0033	0.5694	-1.9949
		(0.4869)	(1.5504)	(1.8832)	(1.5996)	(2.0556)	(1.4451)	(1.51)	(1.1959)	(1.5252)	(1.6969)	(1.4172)
		[0.0001]	[0.7842]	[0.4570]	[0.8174]	[0.7668]	[0.5730]	[0.2289]	[0.1232]	[0.1949]	[0.7386]	[0.1661]

C 组：子样本期间（1997 年 5 月至 2007 年 12 月）

		FTA	OI	BM	ID	CG	HL	CS	TM	FN	IT	UT
R_{t-1}	γ	-0.6335	-1.4901*	-0.7271	-0.5143	-0.9089	0.2161	-0.5187	-0.4582	-1.3072**	-0.9136	0.0663
		(0.5113)	(0.8525)	(0.7119)	(0.7118)	(0.7377)	(0.6393)	(0.6095)	(1.0453)	(0.6579)	(1.2582)	(0.5654)
		[0.52177]	[0.0832]	[0.3091]	[0.4713]	[0.2202]	[0.7360]	[0.3963]	[0.6619]	[0.0491]	[0.4691]	[0.9068]
	β	-7.1157***	-16.65121***	0.8107	2.6178	-11.0306***	-6.4427*	4.5601	-10.6457**	-10.3581***	2.9328	-5.6542*
		(2.7208)	(4.5402)	(3.7883)	(3.7875)	(3.9251)	(3.4020)	(3.2431)	(5.5618)	(3.5008)	(6.6947)	(3.0085)
		[0.0100]	[0.0004]	[0.8309]	[0.4907]	[0.0057]	[0.0606]	[0.1622]	[0.0579]	[0.0037]	[0.6621]	[0.0625]
R_t	γ	-0.0262	-0.5603	-0.4182	0.0869	-0.5805	0.3471	-0.5675	0.7151	-0.1850	-0.8088	0.3484
		(0.6078)	(0.8691)	(0.9088)	(0.8700)	(0.9257)	(0.6991)	(0.6414)	(1.0812)	(0.7444)	(1.7449)	(0.5426)
		[0.9657]	[0.5203]	[0.6462]	[0.9206]	[0.5318]	[0.6205]	[0.3780]	[0.5096]	[0.8042]	[0.6438]	[0.5220]
	β	4.8619	9.0552*	3.6246	7.3208	7.1366	5.5206	5.4031	-5.2109	10.0201**	5.0161	4.2878
		(3.2342)	(4.6245)	(4.8359)	(4.6291)	(4.9256)	(3.7201)	(3.4130)	(5.7529)	(3.9611)	(9.2848)	(2.8871)
		[0.1353]	[0.0525]	[0.4550]	[0.1163]	[0.1499]	[0.1403]	[0.1159]	[0.3668]	[0.0127]	[0.5900]	[0.1400]

（续上表）

		FTA	OI	BM	ID	CG	HL	CS	TM	FN	IT	UT
R_{t+1}	γ	0.7140	-0.1477	-0.0504	0.6461	-0.1873	0.9508	0.5417	1.3561	0.5514	1.8120	0.3352
		(0.5768)	(0.8638)	(0.6736)	(0.6878)	(0.7230)	(0.6093)	(0.5996)	(0.9291)	(0.8014)	(1.1642)	(0.5186)
		[0.2182]	[0.8645]	[0.9405]	[0.3494]	[0.7961]	[0.1211]	[0.3681]	[0.1469]	[0.4927]	[0.1221]	[0.5192]
	β	1.7546	2.0346	3.8550	13.1710***	7.6571**	-5.2293	1.3346	5.1871	2.5119	4.8658	-2.3855
		(3.0694)	(4.5962)	(3.5841)	(3.6601)	(3.8470)	(3.2418)	(3.1905)	(4.9438)	(4.2641)	(6.1945)	(2.7593)
		[0.5686]	[0.6588]	[0.2842]	[0.0005]	[0.0487]	[0.1092]	[0.6764]	[0.2961]	[0.5569]	[0.4336]	[0.3889]
$R_{\Delta u}$	γ	0.0543*	-2.1981	-1.1956	0.2187	-1.6766	1.5140	-0.5446	1.6131	-0.9408	0.0896	0.7499
		(0.9606)	(1.2820)	(1.2698)	(1.4201)	(1.3902)	(1.1323)	(1.1411)	(1.9677)	(1.3969)	(2.8122)	(0.8615)
		[0.9550]	[0.0889]	[0.3482]	[0.8779]	[0.2301]	[0.1836]	[0.6340]	[0.4139]	[0.5019]	[0.9746]	[0.3857]
	β	-0.4992	-5.5615	8.2903	23.1096***	3.7631	-6.1515	11.2978*	-10.6695	2.1740	12.8148	-3.7520
		(5.1116)	(6.8213)	(6.7568)	(7.5561)	(7.3970)	(6.0250)	(6.0719)	(10.4702)	(7.4330)	(14.9637)	(4.5840)
		[0.9224]	[0.4164]	[0.2221]	[0.0027]	[0.6118]	[0.3092]	[0.0651]	[0.3102]	[0.7704]	[0.3934]	[0.4146]

D 组：子样本期间（2007 年 12 月至 2010 年 12 月）

		FTA	OI	BM	ID	CG	HL	CS	TM	FN	IT	UT
R_{t-1}	γ	-0.1283	-0.2730	-0.4241	-0.0359	-0.7969	-0.3978	-1.0267	-1.4426	0.8526	0.7777	-0.4153
		(0.9572)	(1.3575)	(2.3115)	(0.8896)	(0.8494)	(0.9601)	(1.0474)	(1.2783)	(1.1769)	(1.3365)	(0.9788)
		[0.8942]	[0.8418]	[0.5490]	[0.9680]	[0.3547]	[0.6812]	[0.3339]	[0.2670]	[0.4737]	[0.5644]	[0.6740]
	β	3.5043	9.7165	9.9582	5.3926	10.3169*	7.9645	5.2750	4.3374	-8.9535	-7.7372	1.6977
		(6.8133)	(9.6622)	(16.4529)	(6.3318)	(6.0458)	(6.8337)	(7.4555)	(9.0989)	(8.3768)	(9.5127)	(6.9669)
		[0.6103]	[0.3217]	[0.5490]	[0.4004]	[0.0970]	[0.2519]	[0.4841]	[0.6366]	[0.2927]	[0.4217]	[0.8089]
R_t	γ	3.4651***	2.8599**	8.6022***	2.8726***	2.9668***	2.9035***	2.2325**	3.5738***	3.4003*	4.1269***	3.4547***
		(1.0595)	(1.1162)	(1.9516)	(1.0030)	(0.9912)	(0.9692)	(0.9613)	(1.1728)	(1.7451)	(1.1978)	(0.8475)
		[0.0025]	[0.0150]	[0.0001]	[0.0071]	[0.0051]	[0.0051]	[0.0263]	[0.0044]	[0.0597]	[0.0015]	[0.0003]
	β	-0.1044	-0.1379	8.1955	2.0758	-11.1636	-12.1214*	-0.2897	12.4728	8.1948	0.8489	-11.5203*
		(7.5410)	(4.6058)	(13.8909)	(7.1393)	(7.0549)	(6.8985)	(6.8424)	(8.3477)	(12.4216)	(8.5260)	(6.0322)
		[0.9890]	[0.9863]	[0.5591]	[0.7730]	[0.1228]	[0.0879]	[0.9665]	[0.1444]	[0.5139]	[0.9213]	[0.0646]
R_{t+1}	γ	0.3627	1.2969	-1.0879	-0.1580	0.5150	0.8543	0.3097	-0.1544	0.2861	-1.9469*	0.7370
		(0.7561)	(1.1667)	(1.8936)	(0.8152)	(0.7697)	(0.8574)	(0.9031)	(0.9867)	(1.0053)	(0.9946)	(0.9289)
		[0.6345]	[0.2741]	[0.5694]	[0.8475]	[0.5080]	[0.3261]	[0.7338]	[0.8766]	[0.7777]	[0.0585]	[0.4331]
	β	6.7029	-13.5261	2.5160	1.7946	-8.6424	-19.6675***	-4.9737	1.5445	-1.7078	8.7098	-13.4885*
		(5.3817)	(8.3046)	(13.4784)	(5.8025)	(5.4788)	(6.1027)	(6.4283)	(7.0235)	(7.1554)	(7.0791)	(6.6118)
		[0.2215]	[0.1126]	[0.8530]	[0.7590]	[0.1240]	[0.0028]	[0.4444]	[0.8273]	[0.8128]	[0.2270]	[0.0492]

（续上表）

		FTA	OI	BM	ID	CG	HL	CS	TM	FN	IT	UT
$R_{\Delta N}$	γ	3.6996 **	3.8839 **	7.0902 *	2.6787 *	2.6849 *	3.3599 **	−1.5154	1.9769	4.5389 *	2.9577	3.7764 **
		(1.6412)	(1.8408)	(3.7431)	(1.4960)	(1.4654)	(1.5862)	(1.6655)	(1.9677)	(2.3975)	(2.2242)	(1.7006)
		[0.0307]	[0.0423]	[0.0667]	[0.0823]	[0.0757]	[0.0415]	[0.3693]	[0.3222]	[0.0669]	[0.1924]	[0.0331]
	β	−3.3030	−3.9475	20.6697	9.2630	−9.4892	−23.8243 **	0.0117	18.3547	−2.4666	1.8216	−23.3111 *
		(11.6821)	(13.1024)	(26.6430)	(10.6484)	(10.4308)	(11.2906)	(11.8549)	(14.0058)	(17.0651)	(15.8314)	(12.1043)
		[0.7791]	[0.7650]	[0.4432]	[0.3905]	[0.3694]	[0.0423]	[0.9992]	[0.1988]	[0.8859]	[0.9091]	[0.0625]

A 组的结果意味着利率非预期变化对股票收益有一个小的预告效应，而似乎没有延迟效应。这与 Jensen and Johnson（1993）的结论一致，他们认为对于美国市场，贴现率的变化对股价有一个预告效应而没有延迟效应。然而 Bredin 等（2005）没有发现英国市场存在预告效应的证据。表 6 - 5 中的 B 组和 C 组表明，在 1997 年 5 月之前的样本期间，公布的利率非预期变化对于股票收益有显著的负面影响，然而在 1997 年 5 月到 2007 年，这种消息的影响只发生在公告日之前。1997 年 5 月之前，在公告日，利率非预期上升 1%，股票收益下跌 1.27%；但在 1997 年 5 月以后，在公告日前，利率非预期上升 1%，股票收益下跌 7.12%。

与 FTA 一致的是，在 1997 年 5 月以前，在公布日当天，有 5 个行业对利率非预期变化表现出显著为负的反应；在 1997 年 5 月之后，10 个行业中有 6 个行业在公告日之前会对利率非预期变化作出重大反应。有证据表明，在 1997 年 5 月以前，在公告日当天，有 4 个行业对利率预期变化出现负的反应迹象，这反映出在此期间公告未定期发布的情况。研究结果表明，在 1997 年 5 月之前，股票收益对货币政策变化的反应效率较低，因为货币政策在此日期之前是不可预测的；而在 1997 年 5 月以后，市场参与者能够在货币政策发布前一天对货币政策委员会会议的决定作出反应，因此可以对信息进行全面回应，这与有效市场假说一致。

表 6 - 5 的 D 组显示，2007 年年末的金融危机爆发后，利率非预期变化对总体股票收益或大部分行业股票收益没有影响，而在公告日当天，利率预期变化则对总体股票收益和 10 个行业股票收益有积极且显著影响。在公告日当天，利率预期变化 1%，股票收益会增加 3.47%。这表明，投资者能够预测利率的改变，他们的交易行为及时地反映了利率预期变化的情况。

96 英国货币政策、通货膨胀与股票市场

表6-6　非预期利率变化对公告日股市波动性的影响①

	FTA	OI	BM	ID	CG	HL	CS	TM	FN	IT	UT
β_0	0.0005***	0.0005***	0.0004***	0.0004***	0.0004***	0.0004***	0.0004***	0.0005***	0.0005***	0.0005***	0.0005***
	(0.00008)	(0.0001)	(0.0001)	(0.0001)	(0.0001)	(0.0001)	(0.0001)	(0.0001)	(0.0001)	(0.0001)	(0.0001)
	[0.0000]	[0.0000]	[0.0010]	[0.0005]	[0.0014]	[0.0001]	[0.0000]	[0.0009]	[0.0000]	[0.0001]	[0.0000]
β_1	-1.3959***	-0.6870***	-1.3668***	-1.2359***	-1.3372***	-1.1168***	-1.1951***	-1.3578***	-1.0909***	-1.0943***	-1.2043***
	(0.0850)	(0.1640)	(0.1529)	(0.1631)	(0.1635)	(0.1503)	(0.1229)	(0.1753)	(0.1238)	(0.1602)	(0.1398)
	[0.0000]	[0.0000]	[0.0000]	[0.0000]	[0.0000]	[0.0000]	[0.0000]	[0.0000]	[0.0000]	[0.0000]	[0.0000]
β_2	0.0638***	0.0513***	0.1648***	0.1236***	0.1000***	0.0196	0.0996***	0.0327***	0.0792***	0.1501***	0.0446***
	(0.0113)	(0.0127)	(0.0130)	(0.0132)	(0.0120)	(0.0122)	(0.0133)	(0.0125)	(0.0134)	(0.0125)	(0.0130)
	[0.0000]	[0.0000]	[0.0000]	[0.0000]	[0.0000]	[0.1102]	[0.0000]	[0.0091]	[0.0000]	[0.0000]	[0.0006]
α_0	1.0e-6***	1.3e-6***	2.0e-6***	2.0e-6***	8.0e-7***	2.0e-6***	1.0e-6***	1.0e-6***	2.0e-6***	3.0e-6***	2.0e-6***
	(1.0e-7)	(2.0e-7)	(1.8e-7)	(2.3e-7)	(1.0e-7)	(2.4e-7)	(1.7e-7)	(2.0e-7)	(2.0e-7)	(1.0e-7)	(2.0e-7)
	[0.0000]	[0.0000]	[0.0000]	[0.0000]	[0.0000]	[0.0000]	[0.0000]	[0.0000]	[0.0000]	[0.0000]	[0.0000]
α_1	0.8923***	0.9370***	0.8876***	0.8951***	0.9319***	0.9105***	0.8940***	0.9381***	0.8845***	0.8862***	0.9050***
	(0.0058)	(0.0031)	(0.0056)	(0.0057)	(0.0024)	(0.0056)	(0.0048)	(0.0037)	(0.0056)	(0.0048)	(0.0044)
	[0.0000]	[0.0000]	[0.0000]	[0.0000]	[0.0000]	[0.0000]	[0.0000]	[0.0000]	[0.0000]	[0.0000]	[0.0000]
α_2	0.0887***	0.0563***	0.1028***	0.0869***	0.0654***	0.0765***	0.0978***	0.0557***	0.1045***	0.1009***	0.0742***
	(0.0048)	(0.0329)	(0.0057)	(0.0049)	(0.0030)	(0.0043)	(0.0048)	(0.0033)	(0.0048)	(0.0048)	(0.0036)
	[0.0000]	[0.0000]	[0.0000]	[0.0000]	[0.0000]	[0.0000]	[0.0000]	[0.0000]	[0.0000]	[0.0000]	[0.0000]
δ_1	-0.0670	0.0926	-0.0498	0.1369*	0.1161	-0.1921***	0.0571	0.0940	-0.0411	0.4429***	0.1972***
	(0.0645)	(0.0868)	(0.0745)	(0.0713)	(0.0942)	(0.0705)	(0.0794)	(0.0942)	(0.0630)	(0.0881)	(0.0730)
	[0.2987]	[0.2857]	[0.5040]	[0.0547]	[0.2178]	[0.0065]	[0.4719]	[0.3183]	[0.5140]	[0.0000]	[0.0068]
δ_2	0.2139**	0.0872	0.58991***	0.4142***	0.2959**	0.2083	0.1516	0.0666	0.3861***	0.0365	0.0095
	(0.10718)	(0.1289)	(0.1614)	(0.0957)	(0.1286)	(0.1356)	(0.1176)	(0.1216)	(0.1240)	(0.0881)	(0.0824)
	[0.0459]	[0.4988]	[0.0003]	[0.0000]	[0.0214]	[0.1247]	[0.1976]	[0.5837]	[0.0018]	[0.6786]	[0.9076]

① 标准差显示在括号中，p 值显示在方括号中。使用 Bollerslevt and Wooldridge（1992）的程序进行鲁棒测试和 Wald 测试。所采用的抽样期分别是：FTA 为 1978 年 1 月 3 日至 2010 年 12 月 31 日，UT 为 1986 年 12 月 9 日至 2010 年 12 月 31 日，而其余 9 个行业指数（OI，BM，ID，CG，HL，CS，TM，FN，IT）为 1986 年 1 月 1 日至 2010 年 12 月 31 日。*，＊＊，＊＊＊分别代表10%，5%和1%的显著水平，表6-7 和表6-8 同。

（续上表）

	FTA	OI	BM	ID	CG	HL	CS	TM	FN	IT	UT
δ_3	−0.0758	−0.1647**	−0.3211***	−0.3334***	−0.3184***	−0.0554	−0.2319***	−0.1340*	−0.1980***	−0.3250***	−0.2503***
	(0.0644)	(0.0778)	(0.0531)	(0.0331)	(0.0422)	(0.0736)	(0.0585)	(0.0750)	(0.0580)	(0.0490)	(0.0535)
	[0.2395]	[0.0344]	[0.0000]	[0.0000]	[0.0000]	[0.4521]	[0.0001]	[0.0738]	[0.0006]	[0.0000]	[0.0000]

Hypothesis test（P – values for the Wald Statistics）$\delta_1 = \delta_2 = \delta_3 = 0$

	FTA	OI	BM	ID	CG	HL	CS	TM	FN	IT	UT
	[0.0537]	[0.0943]	[0.000]	[0.000]	[0.0000]	[0.0013]	[0.0000]	[0.2493]	[0.1965]	[0.0000]	[0.0000]

　　表6–6和表6–7显示了英国官方银行利率非预期变化对FTA和10个行业股市波动性的影响，其结果有四个明确的含义。

　　第一，非预期利率变化会影响英国股市波动。在均值方程中，当利率出现1%的非预期增长，FTA下降1.40%。同样，对于利率非预期变化，10个行业指数的系数都在1%的显著性水平下显著为负，系数的范围从BM的−1.37，到OI的−0.69。在方差方程中，使用三个系数δ_1、δ_2、δ_3来确定在公告日之前、之时和之后，股市波动性所受到的影响。表6–6显示，总体市场和4个具体行业指数的系数δ_2显著为正。本章的研究结果也与以前的几项研究一致，这些研究提供了股票市场波动对货币政策的反应的证据，例如，Lobon（2000），Flannery and Protopapadakis（2002），Bomfim（2003），Guo（2004）和Chulia-Soler等（2007）研究了美国市场，Chang（2008）研究了台湾市场，Bredin等（2005）研究了爱尔兰市场，Wongswan（2006）研究了南朝鲜市场。然而，本章的研究结果与Rangel（2006）的研究结果不一致，Rangel（2006）没有发现美联储基金目标利率公告对美国股市有条件性波动的影响。

　　第二，本章的结果揭示了预告效应很小，但延迟效应很大。表6–2显示，除了ID、IT、UT和HL四个行业，其余行业指数的系数δ_1是不显著的。除了FTA和HL外，大多数行业指数的系数δ_3是显著为负的，这意味着在公布日对该反应进行了调整。因此，在公告日和公告日之后，利率非预期变化似乎影响了行业指数的波动，而公告日之前效应是否存在，则尚不清楚。最后，除了两个行业以外，FTA和其余行业指数在统计意义上都拒绝原假设$\delta_1 = \delta_2 = \delta_3 = 0$，这显示出：利率非预期变化对股市波动性的影响在公告日前、公告日和公告日后三个时间是不同的。关于预告效应的研究结果支持无预告效应观点，例如Bredin等（2005），他们发现爱尔兰股市存在预告效应，但不符合Bomfim（2003）的研究，其发现1994年以后美国市场存在预告效应。

表6-7　1997年5月前后非预期利率变化对股市波动性的影响

	FTA	OI	BM	ID	CG	HL	CS	TM	FN	IT	UT
β_0	0.0005***	0.0005***	0.0004***	0.0004***	0.0004***	0.0004***	0.0004***	0.0004***	0.0005***	0.0005***	0.0005***
	(0.0001)	(0.0001)	(0.0001)	(0.0001)	(0.0001)	(0.0001)	(0.0001)	(0.0001)	(0.0001)	(0.0001)	(0.0001)
	[0.0000]	[0.0001]	[0.0008]	[0.0004]	[0.0011]	[0.0001]	[0.0000]	[0.0013]	[0.0000]	[0.0001]	[0.0000]
β_1	-1.3969***	-0.7357***	-1.3825***	-1.2410***	-1.3023***	-1.108***	-1.1900***	-1.3327***	-1.0823***	-1.0942***	-1.1482***
	(0.0846)	(0.1589)	(0.1505)	(0.1526)	(0.1500)	(0.1456)	(0.1252)	(0.1651)	(0.1203)	(0.1575)	(0.1505)
	[0.0000]	[0.0000]	[0.0000]	[0.0000]	[0.0000]	[0.0000]	[0.0000]	[0.0000]	[0.0000]	[0.0000]	[0.0000]
β_2	0.0643***	0.0510***	0.1646***	0.1217***	0.1004***	0.0208*	0.0992***	0.0339***	0.0803***	0.1505***	0.0434***
	(0.0114)	(0.0127)	(0.0130)	(0.0133)	(0.0122)	(0.0123)	(0.0134)	(0.0126)	(0.0134)	(0.0126)	(0.0132)
	[0.0000]	[0.0001]	[0.0000]	[0.0000]	[0.0000]	[0.0918]	[0.0000]	[0.0069]	[0.0000]	[0.0000]	[0.0010]
α_0	1.0e-6***	1.0e-6***	2.0e-6***	2.1e-6***	8.3e-7***	2.1e-6***	1.3e-6***	1.6e-6***	2.1e-6***	3.2e-6***	2.9e-6***
	(2.0e-7)	(2.5e-7)	(2.1e-7)	(2.5e-7)	(1.1e-7)	(2.5e-7)	(1.8e-7)	(2.5e-7)	(2.2e-7)	(1.6e-7)	(2.7e-7)
	[0.0000]	[0.0000]	[0.0000]	[0.0000]	[0.0000]	[0.0000]	[0.0000]	[0.0000]	[0.0000]	[0.0000]	[0.0000]
α_1	0.8910***	0.9345***	0.8846***	0.8951***	0.9317***	0.9132***	0.8935***	0.9354***	0.8850***	0.8842***	0.9031***
	(0.0061)	(0.0036)	(0.0062)	(0.0059)	(0.0025)	(0.0055)	(0.0050)	(0.0042)	(0.0059)	(0.0049)	(0.0047)
	[0.0000]	[0.0000]	[0.0000]	[0.0000]	[0.0000]	[0.0000]	[0.0000]	[0.0000]	[0.0000]	[0.0000]	[0.0000]
α_2	0.0871***	0.0560***	0.1002***	0.0846***	0.0652***	0.0721***	0.0974***	0.0548***	0.1000***	0.1006***	0.0758***
	(0.0048)	(0.0036)	(0.0058)	(0.0049)	(0.0030)	(0.0041)	(0.0049)	(0.0035)	(0.0048)	(0.0047)	(0.0037)
	[0.0000]	[0.0000]	[0.0000]	[0.0000]	[0.0000]	[0.0000]	[0.0000]	[0.0000]	[0.0000]	[0.0000]	[0.0000]
δ_1	-0.0043	0.0451	0.1793	-0.1591	0.1356	-0.1212	-0.0667	0.1152	0.2751*	-0.0506	-0.1508
	(0.1150)	(0.2320)	(0.1189)	(0.2084)	(0.2537)	(0.1653)	(0.1478)	(0.2431)	(0.1598)	(0.1405)	(0.1452)
	[0.9700]	[0.8460]	[0.1315]	[0.4452]	[0.5931]	[0.4199]	[0.6519]	[0.6356]	[0.0851]	[0.7183]	[0.2992]
δ_2	0.2283	0.4888	1.4578***	0.5085	-0.1811	0.0745	0.5987*	0.0612	0.3174	0.7083**	1.5038***
	(0.1675)	(0.4090)	(0.4957)	(0.3936)	(0.2055)	(0.3003)	(0.3268)	(0.2722)	(0.2409)	(0.3233)	(0.4984)
	[0.1729]	[0.2526]	[0.0032]	[0.1964]	[0.3784]	[0.8040]	[0.0669]	[0.8222]	[0.1876]	[0.0284]	[0.0025]
δ_3	-0.1599*	-0.4205***	-0.5630***	-0.2850***	-0.0003	-0.1333	-0.3982***	-0.2687**	-0.4900***	-0.4619***	-0.5469***
	(0.0853)	(0.1025)	(0.0701)	(0.1038)	(0.1391)	(0.1653)	(0.0899)	(0.1146)	(0.0740)	(0.0758)	(0.0719)
	[0.0612]	[0.0000]	[0.0000]	[0.0060]	[0.9983]	[0.4199]	[0.0000]	[0.0190]	[0.0000]	[0.0000]	[0.0000]
δ_4	-0.1166*	0.0927	-0.0568	0.3124***	0.1403	-0.2004**	0.0815	0.0338	-0.0612	0.5820***	0.1187
	(0.0706)	(0.1039)	(0.0951)	(0.1028)	(0.1213)	(0.0842)	(0.1076)	(0.1259)	(0.0838)	(0.1073)	(0.0790)
	[0.0989]	[0.3495]	[0.5503]	[0.0023]	[0.2476]	[0.0174]	[0.4485]	[0.7879]	[0.4651]	[0.0000]	[0.1333]

（续上表）

	FTA	OI	BM	ID	CG	HL	CS	TM	FN	IT	UT
δ_5	-0.1331	0.0850	0.4530**	0.4353***	0.4551**	0.2081	0.0519	0.0473	0.0336	-0.0302	-0.2400**
	(0.1790)	(0.1717)	(0.1874)	(0.1220)	(0.1862)	(0.1957)	(0.1471)	(0.1684)	(0.1648)	(0.1048)	(0.0987)
	[0.4569]	[0.6204]	[0.0156]	[0.0004]	[0.0145]	[0.2878]	[0.7241]	[0.7785]	[0.8383]	[0.7729]	[0.0151]
δ_6	0.0446	-0.1073	-0.2097***	-0.3683***	-0.3737***	0.0127	-0.1657**	0.0154	0.1876	-0.2819***	-0.0432
	(0.1331)	(0.1168)	(0.0788)	(0.0374)	(0.0495)	(0.1249)	(0.0842)	(0.1223)	(0.1503)	(0.0667)	(0.1075)
	[0.7375]	[0.3584]	[0.0078]	[0.0000]	[0.0000]	[0.9189]	[0.0492]	[0.9000]	[0.2122]	[0.0000]	[0.6879]
δ_7	-0.1807	0.3091	0.2600	0.0402	-0.0607	-0.2016	0.2211	0.3722	-0.4115***	0.8307**	-0.1439
	(0.1597)	(0.2944)	(0.2660)	(0.1499)	(0.1604)	(0.1695)	(0.2098)	(0.2273)	(0.1262)	(0.4233)	(0.2595)
	[0.2578]	[0.2938]	[0.3282]	[0.7884]	[0.7050]	[0.2342]	[0.2919]	[0.1015]	[0.0011]	[0.0497]	[0.5794]
δ_8	0.6798*	-0.4521***	0.0690	0.1990	0.5275	0.4112	-0.1291	0.1284	2.3776***	-0.3033*	-0.3191
	(0.3897)	(0.1727)	(0.2996)	(0.2515)	(0.3505)	(0.3291)	(0.1961)	(0.2840)	(0.7964)	(0.1661)	(0.3495)
	[0.0811]	[0.0088]	[0.8178]	[0.4287]	[0.1323]	[0.2115]	[0.5104]	[0.6511]	[0.0028]	[0.0678]	[0.3612]
δ_9	-0.0829	-0.4159	0.0017	-0.1375	-0.3746***	-0.0993	-0.0642	-0.3014**	-0.3619***	-0.1653	0.4820
	(0.1705)	(0.3192)	(0.2093)	(0.1721)	(0.1180)	(0.1252)	(0.1769)	(0.1447)	(0.1106)	(0.1561)	(0.5966)
	[0.6265]	[0.1925]	[0.9936]	[0.4244]	[0.0015]	[0.4275]	[0.7166]	[0.0373]	[0.0011]	[0.2897]	[0.4191]
Hypothesis test（P-values for the Wald Statistics）$\delta_1 = \delta_2 = \delta_3 = \delta_4 = \delta_5 = \delta_6 = \delta_7 = \delta_8 = \delta_9 = 0$											
	[0.2549]	[0.0000]	[0.0000]	[0.0017]	[0.0683]	[0.0005]	[0.0000]	[0.0011]	[0.0000]	[0.0000]	[0.0000]
	[0.2194]	[0.3534]	[0.0487]	[0.0000]	[0.0000]	[0.0905]	[0.0840]	[0.1571]	[0.0309]	[0.0000]	[0.0000]
	[0.3633]	[0.0000]	[0.0560]	[0.7770]	[0.0000]	[0.5024]	[0.6804]	[0.0669]	[0.0000]	[0.0280]	[0.0543]

第三，1997年5月英格兰银行独立之前和之后，利率非预期变化对股市波动性的影响是不同的。表6-7的结果表明，在均值方程中，总体市场和所有行业指数的系数β_1显著为负，这与表6-6中的结果一致。在方差方程中，仅FN的δ_1是显著的，这意味着当市场参与者无法预测利率时，预告影响可以忽略不计。同样与表6-6的结果相似，在四个特定行业中，利率非预期变化对它们的波动率产生显著影响，其系数δ_2均为正。1997年之前，总体市场和大部分行业指数的系数δ_3也是显著为负。不过，1997年以后，利率非预期变化在公告日后对股市波动性的影响不大，但在公布日前，影响则更为显著。与δ_3相比，有效系数δ_6的数值较小，而与δ_1相比，有效系数δ_4的幅度和数值都较大。因此，本章发现利率非预期变化对于1997年5月英格兰银行独立之前和之后的股市波动有不同的影响。在此之前，利率变化是无法预料的，股

市波动性在公布日之前无法反映这些利率变化。然而，在银行获得独立后，市场参与者能够准确地预测利率变化，从而股票价格可以反映这些信息，或者能够在公告日之前进行预测。本章的调查结果符合预期，符合美国市场的证据。Bomfim（2003）提供证据表明，1994 年美国联邦货币决策的变化影响了美国股市波动。

第四，2007 年年末金融危机之前和之后利率非预期变化对股市波动的影响也是不同的。表 6 - 7 显示，在金融危机期间，系数 δ_9 仅对三个行业指数具有统计上的显著性。这可能是因为一旦投资者或市场参与者提前了解了公告日的时间，所有可用的信息或在公告日前做出预测的可能性就稀释了利率变化的影响。随后，在信贷紧缩期间，利率变化的幅度小得多时，其影响会进一步淡化。

表 6 - 8　非预期利率变化对股市波动性的非对称效应

	FTA	OI	BM	ID	CG	HL	CS	TM	FN	IT	UT
β_0	0.0005***	0.0005***	0.0004***	0.0005***	0.0004***	0.0004***	0.0004***	0.0004**	0.0006***	0.0006***	0.0005***
	(0.0001)	(0.0001)	(0.0001)	(0.0001)	(0.0001)	(0.0001)	(0.0001)	(0.0002)	(0.0001)	(0.0001)	(0.0001)
	[0.0000]	[0.0018]	[0.0003]	[0.0001]	[0.0021]	[0.0014]	[0.0000]	[0.033]	[0.0000]	[0.0001]	[0.0001]
β_1	-1.4179***	-0.4112*	-1.5767***	-1.5442***	-1.3889***	-0.9408***	-1.3184***	-1.3484***	-1.2153***	-1.1994***	-1.4962***
	(0.1244)	(0.2490)	(0.1853)	(0.2359)	(0.2191)	(0.2265)	(0.1687)	(0.2667)	(0.1622)	(0.2127)	(0.2282)
	[0.0000]	[0.0987]	[0.0000]	[0.0000]	[0.0000]	[0.0000]	[0.0000]	[0.0000]	[0.0000]	[0.0002]	[0.0000]
β_2	-1.3744***	-0.8810***	-1.1164***	-0.8993***	-1.2588***	-1.2743***	-1.0876***	-1.3807***	-0.9406***	-1.0134***	-1.0289***
	(0.1290)	(0.2389)	(0.2164)	(0.2305)	(0.2248)	(0.2257)	(0.1963)	(0.2330)	(0.2351)	(0.2700)	(0.1961)
	[0.0000]	[0.0002]	[0.0000]	[0.0000]	[0.0000]	[0.0000]	[0.0000]	[0.0000]	[0.0000]	[0.0002]	[0.0000]
β_3	0.0635***	0.0508***	0.1640***	0.1224***	0.0978***	0.0194	0.0983***	0.0323**	0.0787***	0.1511***	0.0463***
	(0.0114)	(0.0126)	(0.0132)	(0.0133)	(0.0123)	(0.0122)	(0.0135)	(0.0125)	(0.0133)	(0.0125)	(0.0131)
	[0.0000]	[0.0000]	[0.0000]	[0.0000]	[0.0000]	[0.1139]	[0.0000]	[0.0099]	[0.0000]	[0.0000]	[0.0000]
α_0	1.0e-6***	1.3e-6***	1.8e-6***	2.3e-6***	8.8e-7***	2.1e-6***	1.3e-6***	1.2e-6***	2.0e-6***	2.9e-6***	2.5e-6***
	(2.0e-7)	(2.2e-7)	(1.9e-7)	(2.2e-7)	(1.1e-7)	(2.6e-7)	(1.7e-7)	(2.2e-7)	(2.1e-7)	(1.4e-7)	(2.0e-7)
	[0.0000]	[0.0000]	[0.0000]	[0.0000]	[0.0000]	[0.0000]	[0.0000]	[0.0000]	[0.0000]	[0.0000]	[0.0000]
α_1	0.8904***	0.9371***	0.8788***	0.8849***	0.9294***	0.9088***	0.8923***	0.9376***	0.8801***	0.8899***	0.9107***
	(0.0073)	(0.0032)	(0.0061)	(0.0053)	(0.0026)	(0.0057)	(0.0052)	(0.0038)	(0.0054)	(0.0043)	(0.0041)
	[0.0000]	[0.0000]	[0.0000]	[0.0000]	[0.0000]	[0.0000]	[0.0000]	[0.0000]	[0.0000]	[0.0000]	[0.0000]
α_2	0.0873***	0.0561***	0.1065***	0.0925***	0.0657***	0.0769***	0.0978***	0.0559***	0.1065***	0.0972***	0.0700***
	(0.0049)	(0.0034)	(0.0061)	(0.0049)	(0.0030)	(0.0043)	(0.0051)	(0.0038)	(0.0048)	(0.0043)	(0.0034)

（续上表）

	FTA	OI	BM	ID	CG	HL	CS	TM	FN	IT	UT
	[0.0000]	[0.0000]	[0.0000]	[0.0000]	[0.0000]	[0.0000]	[0.0000]	[0.0000]	[0.0000]	[0.0000]	[0.0000]
δ_1	0.1758***	0.0937	0.1839**	0.2865***	0.0656	0.1169**	0.1618**	0.0218	0.2248***	0.0868	0.0985
	(0.0636)	(0.0581)	(0.0766)	(0.0862)	(0.0552)	(0.0537)	(0.0782)	(0.0580)	(0.0801)	(0.0697)	(0.0659)
	[0.0056]	[0.1076]	[0.0164]	[0.0009]	[0.2345]	[0.0294]	[0.0385]	[0.7063]	[0.0050]	[0.2130]	[0.1350]
δ_2	0.0345	−0.0235	0.1175**	0.1177***	0.0218	−0.0913**	−0.0786**	0.0173	0.0982**	0.0156	−0.1088***
	(0.0358)	(0.0339)	(0.0483)	(0.0338)	(0.0254)	(0.0383)	(0.0377)	(0.0383)	(0.0482)	(0.0385)	(0.0307)
	[0.3332]	[0.4890]	[0.0151]	[0.0005]	[0.3898]	[0.0172]	[0.0370]	[0.6525]	[0.0418]	[0.6851]	[0.0004]
Hypothesis test（P – values for the Wald Statistics）											
$\beta_1 = \beta_2$	[0.0000]	[0.0000]	[0.0000]	[0.0000]	[0.0000]	[0.0000]	[0.0000]	[0.0000]	[0.0000]	[0.0000]	[0.0000]
$\delta_1 = \delta_2$	[0.0000]	[0.0000]	[0.0000]	[0.0000]	[0.0000]	[0.0000]	[0.0000]	[0.0000]	[0.0000]	[0.0000]	[0.0000]

表 6 – 8 表明，总体市场和 10 个行业都拒绝原假设：$\beta_+ = \beta_-$ 和 $\delta_1 = \delta_2$，这意味着在均值方程和方差方程中，对利率的积极的非预期变化的反应（坏消息）不同于对消极的非预期变化（好消息）的反应。在均值方程中，当利率非预期增加 1% 时，整体市场下降 1.42%，但是当利率非预期下降 1% 时，整体市场上升 1.37%。在方差方程中，总体市场的系数 δ_1 是显著的，但系数 δ_2 是不显著的，这表明只有利率非预期增加的公告才影响股市总体波动性。与总体市场相似，在均值方程中，7 个行业相比于利率的非预期减少，利率的非预期增加对应着更大的系数。在方差方程中，利率非预期增加显著影响了 5 个行业的股市波动性。因此，表 6 – 8 的结果表明，对于非预期利率变化，股票市场的波动性有不对称的表现，相对于非预期的利率上升（紧缩性货币政策），股票市场对非预期的利率减少（宽松性货币政策）所做出的反应更加显著。本章的研究结果和那些表明不好的信息比好的信息更能够影响市场波动性的结论是相符合的，如 Bomfim（2003），Bredin 等（2005），Rangel（2006），Chulia-Soler 等（2007）均认同这一点。

6.5　小结

本章研究了广义货币供应量和利率公告对英国股票收益与股市波动性的影响。还比较了 1997 年 5 月英格兰银行独立前后和 2007 年金融危机后货币政策对股票收益和股市波动的影响。

研究结果与以前大多数的研究一致，并确认货币政策公告对英国股票收益产生负面影响，同时对股市波动性产生重大影响。对于利率和货币供应量变化的公告，股票收益对其作出了显著为负的反应。但是，只有非预期的货币政策变化才会造成这种负面影响，而预期的货币政策变化影响不大。利率非预期变化也会影响股市波动，这与大多数研究结果相一致。本章的研究结果意味着紧缩性货币政策的公告将被认为是英国股市的坏消息，而宽松性货币政策的公告将被视为好消息。

此外，在英格兰银行获得独立之前和之后，股票收益或股市波动性对非预期利率变化的反应也不同。1997 年 5 月以前，利率非预期变化影响公告日的股票收益；而在 1997 年 5 月以后，仅在公告日之前，股票收益会受利率非预期变化的影响。此外，1997 年以后，公告日后利率非预期变化对股市波动性的影响较弱，而预告效应较强。这表明，在英格兰银行独立之前，市场参与者无法成功预测利率变化，因此股票价格仅在公告日当天才反映出利率非预期变化。然而，随着英格兰银行独立，市场参与者可以预期利率变化，因此股票价格提前反映了这一信息，本章的研究结果与有效市场假说一致。结果中也显示预告效应和延迟效应的一些其他特征，如股票收益对利率非预期变化的反应显示出预告效应，而有证据显示股市波动性对于利率非预期变化则存在延迟效应。然而，对货币供应量非预期变化，股票收益既没有显示出预告效应，也没有显示出延迟效应。这表明，英格兰银行在正式公布利率之前，信息便泄露出来了，股市波动性对利率变化的反应缓慢。

在本章中还发现了非对称效应的类似结果，即股票收益对货币政策非预期变化的反应的非对称效应，表明股市对非预期利率上升（紧缩性货币政策）的反应比对非预期利率下降（宽松性货币政策）的反应更突出。本章的调查结果还显示，货币供应量非预期增长影响股市波动性，然而货币供应量非预期下降则不产生影响。考虑到金融危机的影响，本章的结果显示，与 2007 年以前不同，利率非预期变化对股票收益没有非预期的影响，但可以看出 2007 年以后公告日的预期效应。同时 2007 年以后，对于股市波动性而言，宣告效应也消失了。虽然货币供应量对公布日的股票收益的影响在金融危机之前和之后都一直保持不变，但金融危机后效应的重要性要大得多。也可以看出，货币供应量对公告日股票收益的影响在 2007 年后消失。

因此，本章研究的意义在于证实了货币政策是股票价格的重要决定因素的假设。本章发现货币政策影响股票收益和股市波动性，而政策决策方式的变化（如英格兰银行独立和货币政策委员会的引入）影响股市对货币政策的反应。本章还发现只有在信贷危机后，股市对货币政策的反应才会有所不同。

第 7 章

通货膨胀对股票市场的影响

普通股是否可以对冲通货膨胀是长期以来一直争议的话题。由费雪 (1930) 提出的费雪假设可知，任何资产的名义预期收益都可以分解为预期通货膨胀和预期实际利率。扩展的费雪假设认为，实际名义收益是预期名义收益和非预期名义收益（预期和非预期通货膨胀）的函数（Nelson，1976；Bodie，1976；Jaffe and Mandelker，1976；Fama and Schwert，1977；Peel and Pope，1985，1988）。

股票收益和通货膨胀之间的正相关关系源自于股票是可以对冲通货膨胀的，因为它们代表着对实际资产的要求（Geske and Roll，1983）。这意味着股票收益不应该受到价格变动的影响。然而，这种理论已经受到了冲击，因为很多实证研究表明，股票收益和通货膨胀之间存在着负相关关系（Bodie，1976；Nelson，1976；Fama and Schwert，1977；Fama，1981；Schwert，1981；Jain，1988；Kaul，1990；Flannery and Protopapadakis，2002；Adams，2004）。只有少数研究发现与理论一致的证据（Ely and Robinson，1997；Luintel and Paudyal，2006）。

理论上，关于通货膨胀与股票收益之间的负相关关系，有如下解释：①Fama（1981）提出的代理假设，认为该负向关系实际上是通货膨胀与实际产出之间的负向关系，从而决定了股票价格；②由 Danthine and Donaldson（1986）提出的一般均衡模型，用资产检验通货膨胀与股票收益的关系；③Feldstein（1980）和 Summers（1981a，1981b）提出这种负向关系是通货膨胀税制的结果，因为通货膨胀税使获利增加；④Modigliani and Cohn（1979）提出出货币幻觉假说，他们认为这种关系是由于不理性的投资者和市场低效率造成的；⑤Kessel（1956）提出了名义合同假说，表明通货膨胀将财富从名义合同持有人手中转移到实际合同持有人手中；⑥Lintner（1975）提出了资本管理假说，表明通货膨胀增加了公司的外部融资需求，稀释了旧股权的回报；⑦Anari and Kolari（2001）提出的增税假说表明，名义股票收益率必须超过通货膨胀以补偿纳税投资者（另见 Luintel and Paudyal，2006）；⑧Jovanovic and Ueda（1998）提出了代理问题假说，指出通货膨胀使销售价格变高，这导致企业需要支付更高的工人薪酬，从而使企业的价值转移到工人身上。

　　本章的目的是检验英国的通货膨胀与股票收益的关系，运用短期和长期的英国市场数据，探讨通货膨胀与股票收益之间的关系，并分析在不同的通货膨胀经济体或区间中，通货膨胀和股票收益的关系是否会有所不同。这样做的动机有两个方面：①通货膨胀和股票收益之间的关系在经验和理论上都缺乏共识，因此通过不同的数据集和方法分析这种关系可能提供进一步认识；②英国此类研究相对较少（Goodhart and Smith，1985；Peel and Pope，1985，1988；Joyce and Read，2002），且结果不明确。实证结果显示，英国股市在短期不能对冲通货膨胀，但长期来看可以对冲通货膨胀。

　　本章主要有四个主要贡献：

　　第一，对股票收益与通货膨胀的关系进行详细分析，因为本章研究了两个时期的关系：短期（基于公告的分析）和长期（协整分析）。这样做是由于投资者考虑基准敏感度，以有效地处理风险。通货膨胀在两个时期中的影响是有条件的，投资者可能会改变持有期，从而利用股票去对冲通货膨胀。

　　第二，没有文献在不同的通货膨胀区间下考虑英国通货膨胀和股票收益之间的关系。有一些研究表明，通货膨胀与股票收益之间的关系在不同的通货膨胀经济体之间有所不同：低通货膨胀经济体为负（或微不足道），但高通货膨胀经济体为正（Barnes，1999；Choudhry，2001）。在 1971—1982 年期间，英国的通货膨胀尤其高，平均每年为 13.23%，但 1955 年 1 月—1970 年 12 月为 3.65%，1983 年 1 月—2007 年 12 月为 3.82%。Ahmed and Cardinale（2005）在通货膨胀区间框架下研究了通货膨胀与股票收益之间的统计关系，表明在 1900—2002 年的英国市场上，通货膨胀水平对股票收益是起作用的。因此，本章认为在不同的通货膨胀区间下，通货膨胀与股票收益之间的横截面关系可能会有所不同。

　　第三，从 1962 年 12 月至 2007 年 12 月，本章创建了零售价格指数（RPI）公告日期的数据库，比以前的研究采用了更长的样本期。从 1948 年开始的 RPI 是最为熟悉的英国通货膨胀指标（O'Donghue，et al.，2004），不同于美国首选的通货膨胀指标，即生产者价格指数（PPI）或消费者物价指数（CPI）。以前大多数的研究，如 Goodhart and Smith（1985），其使用 1977 年 1 月至 1983 年 12 月的 RPI 公告数据，以测试 RPI 对股票市场的公告效应；Joyce and Read（2002）使用来自货币市场的 1982 年 1 月至 1997 年 4 月的 RPI 公告数据，不过仅调查了短期抽样期间 RPI 对股票收益的公告效应。但本章创建了一个更长样本期的 RPI 公告日期的数据库。所有公告日期摘自报章，详见数据部分。

　　第四，对通货膨胀和股票收益之间的关系进行协整分析，因为在协整框架内考虑这种关系的研究较少（Anari and Kolari, 2001；Luintel and Paudyal, 2006），但这种研究很重要。Boudoukh and Richardson（1993）曾指出，这种长期的关系既对投资者长期持有股票有实证意义，也对短期噪音导致真实长期不准确关系结果有理论意义。

本章的内容安排如下：在 7.1 节中，提出理论模型和研究思路；在 7.2 中，介绍所使用的相关数据和变量；在 7.3 节中，实证分析通货膨胀对股票市场的短期影响；在 7.4 节中，实证分析通货膨胀对股票市场的长期影响；7.5 节为结论。

7.1 理论模型和研究思路

为了研究英国的通货膨胀与股票收益之间的关系，无论是针对整体市场还是 10 个行业，同时都考虑了在不同通货膨胀区间下的短期和长期情况，同时运用事件研究方法和 Johansen 技术进行协整。基于公告调查来评估对股市好消息和坏消息的反应可能出现的预告效应、延迟效应或不对称效应。通货膨胀对股票收益的影响对于不同的通货膨胀经济体也有所不同，将完整样本期分为三个子样本期：1971 年 1 月之前，1971 年 1 月至 1982 年 12 月，1982 年 12 月之后，并进行公告研究。其中，1971 年 1 月至 1982 年 12 月是通货膨胀特别高的一个时期。

7.1.1 公告效应研究

本章根据基于三天期窗口的基准公式（7.1）和公式（7.2）来估计通货膨胀公告对股票收益的影响。

$$R_{t+B} = \alpha + \gamma P_t^e + \beta P_t^u + \varepsilon_t \qquad (7.1)$$

$$R_{\Delta t} = \alpha + \gamma P_t^e + \beta P_t^u + \varepsilon_t \qquad (7.2)$$

其中，R_{t+B} 是 $t+B$ 日的股票收益，$B = -1, 0, 1$。因此，R_{t-1} 是公告日前一天的股票收益。$A = 3$ 表示公告日之间的差异天数，$R_{\Delta t}$ 表示三天股票收益，P_t^e 是预期通货膨胀，这是从相应的 ARIMA 模型的预测中得出的，如前所述 P_t^u 是非预期通货膨胀，等于实际通货膨胀与预期通货膨胀之间的差额。

根据有效市场假说，所有可得的公开信息已经全面充分地反映了在股票价格之中。所以，只有不可预测的信息才会对股价产生影响，也只有包含新信息的非预期通货膨胀会在公告发布时影响股票收益（Joyce and Read, 2002）。基于对有效市场假说的预测，预计未来通货膨胀对股票收益有显著影响，但预期通货膨胀影响不大。此外，根据贴现现金流量模型，非预期通货膨胀对股票价格的影响是不明确的，因为非预期通货膨胀提高了贴现率，降低了收益，并增加了未来的股利。股息增加回报，未来现金流量的价格弹性不一定等于1。公告日前后的非预期通货膨胀的系数 β 的统计显著意味着有预告效应或延迟效应。

基于 Adams 等（2004）的研究，本章还检验了英国股票收益对通货膨胀公告的反应，即是否与非预期通货膨胀（坏消息）具有正相关关系，或与预期通货膨胀（好消息）具有负相关关系。该分析主要基于以下回归模型：

$$R_t = \alpha_+ D_+ + \alpha_- D_- + \beta_+ D_+ P_t^u + \beta_- D_- P_t^u + \varepsilon_t \tag{7.3}$$

其中，R_t 是在公告日 t 的股票收益，如果非预期通货膨胀大于零，即 $P_t^u > 0$，则 $D_+ = 1$；如果非预期通货膨胀小于零，即 $P_t^u < 0$，则 $D_- = 1$。零假设为 $\beta_+ = \beta_-$，表明好消息的系数等于坏消息的系数。

7.1.2 长期协整研究

本节研究了通货膨胀与股票收益之间的长期关系。为了检查这种可能性，遵循 Luintel and Paudyal（2006）的过程，即通货膨胀与股票收益之间的长期关系由公式（7.4）表示，这个规范的理论来自费雪假设，其中系数 d 应该等于1，故股价与通货膨胀一一对应。Luintel and Paudyal（2006）将费雪假设扩展到增税假说，并解释股票收益应该超过通货膨胀，以补偿纳税投资者真实财富的损失，因此，系数 d 的大小应超过1。

$$\ln S_t = c + d\ln RPI_t \tag{7.4}$$

其中，S_t 为 t 时期的股票价格，RPI_t 为 t 时期的零售价格指数，c 和 d 为要估计的系数，d 为股票价格相对于货物价格的弹性。

公式（7.4）使用 Johansen（1992，1995）和 Johansen 等（2000）的技巧。由于这个检验被广泛使用，为了节省空间，此处不再重复叙述，而是直接使用。感兴趣的读者可以阅读 Luintel and Paudyal（2006）的文章。

7.2 数据和变量

对于实证分析，本章采用每日和每月的富时全股指数（FTA），以及油气（OI）、基础材料（BM）、工业（ID）、消费品（CG）、卫生服务（HL）、消费服务（CS）、电信（TM）、金融（FN）、信息技术（IT）和公用事业（UT）10 个行业指数。指数的表现是使用它们的收益来衡量的。FTA 的样本期为1962 年 12 月至 2007 年 12 月，9 个行业指数（OI，BM，ID，CG，HL，CS，TM，FN，IT）的样本期为 1986 年 1 月 1 日至 2007 年 12 月 31 日，UT 的样本期为 1986 年 12 月 9 日至 2007 年 12 月 31 日。短期和长期协整分析的抽样期：
FTA 为 1955 年 1 月至 2007 年 12 月，9 个行业指数（OI，BM，ID，CG，HL，
CS，TM，FN，IT）为 1986 年 1 月至 2007 年 12 月，UT 为 1987 年 1 月至 2007
年 12 月。FBS 的日数据从 1962 年 12 月至 1969 年 12 月，来自《金融时报》。
其余数据来自 Datastream。自 1955 年 1 月至 2002 年 12 月，FTA 的月度数据从
伦敦证券交易所获得，其余数据从 Datastream 获得。所有市场指数收益（R_t）
为每日和每月收益率，为价格指数对数的一阶差分。

从 1948 年 6 月开始的 RPI 被认为是英国通货膨胀的合理代表
（O'Donhue，et al.，2004）。从 1962 年 12 月至 2007 年 12 月，英国政府相应
部门每月中旬发布 RPI 月报，这些数据可以从公共媒体收集（如《金融时报》
《纽约时报》）。第 t 天是公告日（或其后的第一个工作日，如果实际公告日期
为星期六[①]），则投资者可以观察通货膨胀变化并调整股价。然而，英国政府
收取价格数据的时间和 RPI 公布的时间，差不多有半个月的时间滞后。1948
年 6 月至 2007 年 12 月的月度 RPI 数据来自国家统计局，基数为 1987 年 1 月
的 100。

因此，实际通货膨胀（P_t）等于 RPI 一阶对数差分（$P_t = \ln RPI_t - \ln RPI_{t-1}$），而预期通货膨胀由自回归综合移动平均（ARIMA）模型估计，并
对实际通货膨胀进行季节性控制[②]，季节性成分存在 12 个月的滞后[③]。预期通
货膨胀是根据 1948 年 6 月至预期之前的数据样本估计的。例如，对于 1955 年
1 月的预期通货膨胀，实际通货膨胀是从 1948 年 6 月至 1954 年 12 月，并运
用 ARIMA 模型估计，将来自 ARIMA 模型的第一个样本预测值作为 1955 年 1
月的预期通货膨胀。那么，对于 1955 年 2 月的预期通货膨胀，则采用 1948 年
6 月至 1955 年 1 月的实际通货膨胀来建立一个新的最优 ARIMA 模型，这个新
的 ARIMA 模型的第一个样本预测值被用作 1955 年 2 月的预期通货膨胀，重
复如此，以获得预期通货膨胀的时间序列数据。非预期通货膨胀则等于实际
通货膨胀与预期通货膨胀之差（$P_t - P_t^e$）。

图 7-1 和图 7-2 分别显示了 1955 年 1 月至 2007 年 12 月的月度和年度
RPI 通货膨胀。在此期间，月平均通货膨胀为 4.3%，年平均通货膨胀为
5.90%。20 世纪 70 年代初期原料价格大幅上涨，大多数发达国家的年通货膨

---

① 在 20 世纪 60 年代和 70 年代初，政府有时在星期六早上发布 RPI，但后来在工作日发布：周
三、周四或周五，1997 年 7 月以来，定于周二。

② 由于 RPI 未经季节性调整，月通货膨胀将受季节性影响。因此，我们估计了控制季节性的
ARIMA 模型，我们在研究中报告和使用的数据均来自控制季节性的模型。

③ 自相关函数（ACF）和部分自相关函数（PACF）图表明，实际通货膨胀的时间序列含有 12
个月滞后的季节性。

胀上升至 10% 以上，但仅有少数国家超过 20%，如英国（Artis，1996）。图 7-2 显示从 1971 年到 1982 年英国的通货膨胀上升到 10% 以上，甚至超过了 20%。

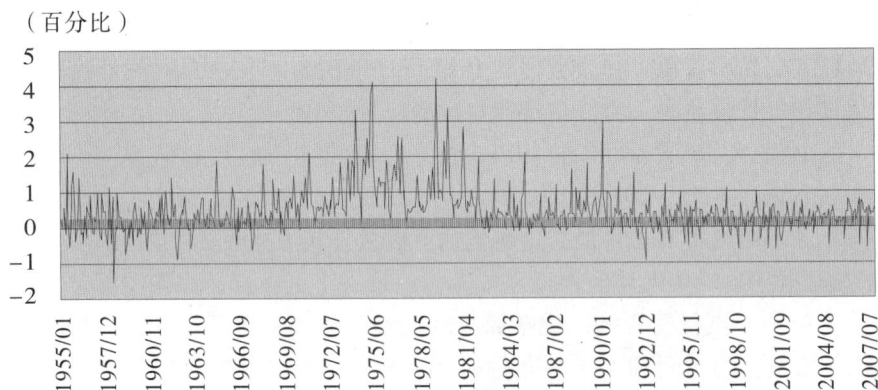

（百分比）

图 7-1　月度 RPI 通货膨胀

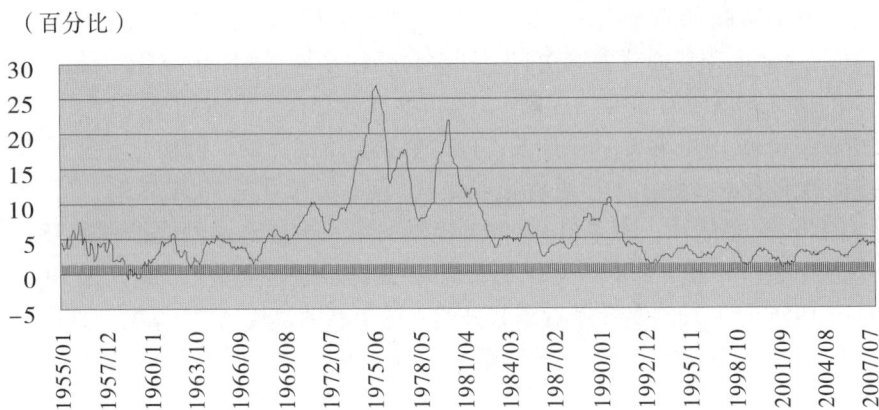

（百分比）

图 7-2　年度 RPI 通货膨胀

（百分比）

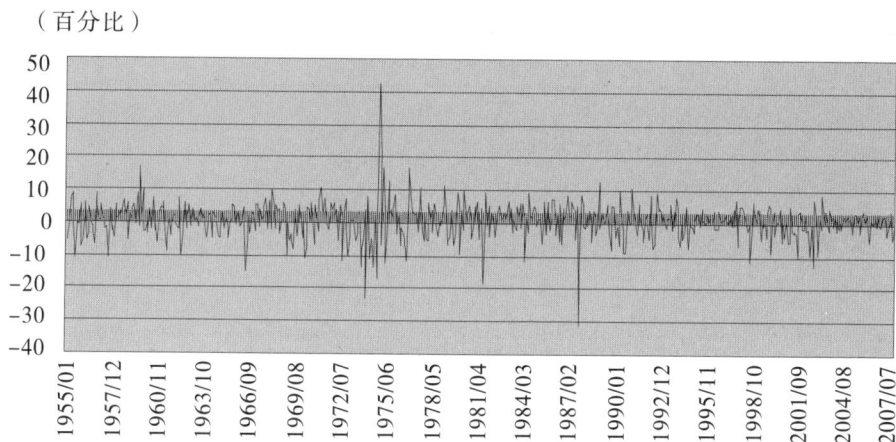

图 7-3　月股票收益率（富时全股指数）

（百分比）

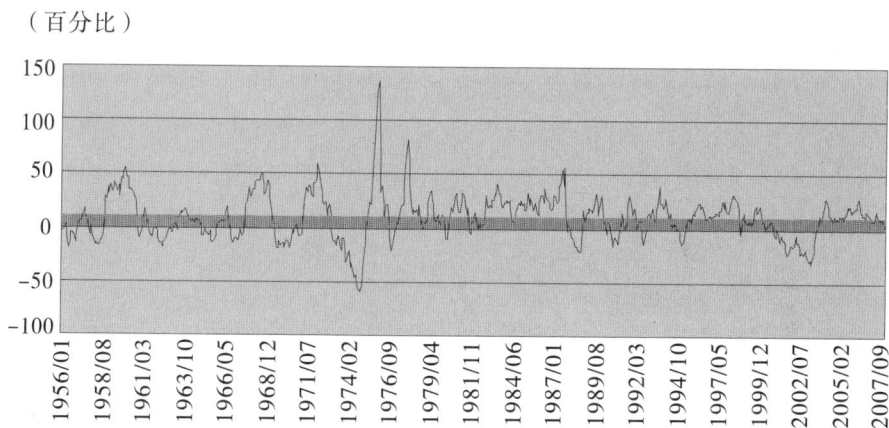

图 7-4　年股票收益率（富时全股指数）

　　表 7-1 列出了 1955 年 1 月至 2007 年 12 月通货膨胀的汇总统计。实际月通货膨胀为 0.46%，预期月通货膨胀平均值为 0.45%，非预期通货膨胀平均值为 0.0167%。表 7-1 中报告的 ADF 测试结果显示，实际 RPI 通货膨胀（RPI 的一阶对数差分）是不稳定的。进一步测试证实了 RPI 协整测试的不确定性。Luintel and Paudyal（2006）声称英国 RPI 可以被认为是 I（1）变量。本研究遵循 Luintel and Paudyal（2006）的研究结果，将 RPI 视为 I（1）变量。因此，在实证分析中，实际通货膨胀被用作一个平稳序列。

表 7 - 1　汇总统计

A 组：每日股票收益

	FTA	OI	BM	ID	CG	HL	CS	TM	FN	IT	UT
R_{t-1}											
mean	0.0007	0.0010	0.0026	−0.0007	0.0016	0.0007	0.0004	−0.0004	0.0006	−0.0001	0.0017
medi	0.0012	−0.0002	0.0013	0.0008	0.0002	0.0008	0.0006	−0.0026	0.0000	0.0001	0.0012
Max	0.0361	0.0384	0.0605	0.0266	0.0517	0.0282	0.0267	0.0530	0.0526	0.0687	0.0380
Min	−0.0378	−0.0432	−0.0621	−0.0700	−0.0377	−0.0264	−0.0309	−0.0326	−0.0502	−0.0541	−0.0271
S-d	0.0110	0.0146	0.0156	0.0138	0.0141	0.0104	0.0096	0.0157	0.0146	0.0207	0.0099
Skew	0.0743	−0.2534	−0.1856	−1.7400	0.6636	−0.1385	−0.3033	0.6972	0.3303	0.5100	0.4151
B-J	27.39	4.5065	75.24	215.59	20.68	1.1957	14.74	12.02	47.41	18.38	20.95
R_t											
mean	−0.0016	−0.0014	0.0001	−0.0022	−0.0015	−0.0014	−0.0011	−0.0026	−0.0020	−0.0056	−0.0014
medi	0.0006	0.0007	0.0004	−0.0007	−0.0012	−0.0011	−0.0002	−0.0018	−0.0005	−0.0015	−0.0010
Max	0.0236	0.0273	0.0316	0.0158	0.0271	0.0200	0.0255	0.0360	0.0269	0.0508	0.0156
Min	−0.0542	−0.0608	−0.0891	−0.0563	−0.0511	−0.0481	−0.0395	−0.0726	−0.0600	−0.1212	−0.0465
S-d	0.0104	0.0142	0.0139	0.0117	0.0128	0.0107	0.0101	0.0164	0.0125	0.0257	0.0091
Skew	−1.7787	−1.3952	−2.7342	−2.1704	−1.3443	−1.2517	−0.6777	−1.1111	−1.5782	−1.3019	−1.5436
B-J	236.37	74.50	1309.26	287.82	92.58	72.42	35.13	73.60	196.47	91.61	160.01
R_{t+1}											
mean	−0.0008	−0.0003	−0.0006	0.0000	−0.0020	−0.0008	−0.0004	−0.0022	−0.0007	−0.0035	0.0012
medi	0.0002	0.0009	0.0000	−0.0004	−0.0014	−0.0005	−0.0004	−0.0011	0.0001	−0.0020	0.0008
Max	0.0289	0.0331	0.0326	0.0383	0.0220	0.0355	0.0459	0.0363	0.0535	0.0575	0.0331
Min	−0.0425	−0.0536	−0.0536	−0.0385	−0.0881	−0.0614	−0.0312	−0.0492	−0.0376	−0.0617	−0.0344
S-d	0.0105	0.0136	0.0137	0.0120	0.0146	0.0128	0.0109	0.0160	0.0129	0.0201	0.0101
Skew	−0.6614	−0.9304	−1.0175	−0.4171	−2.5294	−1.0980	0.5226	−0.2561	0.1979	0.0302	−0.2844
B-J	37.37	36.78	61.82	22.42	661.09	116.02	42.209	2.2288	53.15	6.7563	35.290
$R_{\Delta 3t}$											
mean	−0.0017	−0.0008	0.0021	−0.0029	−0.0020	−0.0014	−0.0010	−0.0051	−0.0021	−0.0092	0.0015
medi	−0.0002	0.0013	0.0023	0.0013	−0.0011	0.0000	0.0007	−0.0035	−0.0009	−0.0027	0.0032
Max	0.0339	0.0418	0.0773	0.0410	0.0469	0.0411	0.0307	0.0681	0.0419	0.1575	0.0714
Min	−0.0905	−0.1228	−0.0997	−0.1612	−0.1665	−0.0645	−0.0634	−0.0945	−0.1331	−0.1735	−0.0541

（续上表）

	FTA	OI	BM	ID	CG	HL	CS	TM	FN	IT	UT
S-d	0.0167	0.0254	0.0250	0.0252	0.0268	0.0184	0.0177	0.0261	0.0219	0.0419	0.0168
Skew	−1.6924	−1.4347	−0.9588	−3.1523	−2.5251	−0.4477	−0.8822	−0.5494	−2.2990	−0.1725	−0.2685
B-J	256.81	119.89	89.10	1157.3	835.46	5.8968	22.09	13.49	684.85	57.61	68.54
Obs	541	264	264	264	264	264	264	264	264	264	253

注：FTA 是富时全股指数的一阶对数差分，OI 是油气指数的一阶对数差分，BM 是基础材料指数的一阶对数差分，ID 是工业指数的一阶对数差分，CG 是消费品指数的一阶对数差分，HL 是卫生服务指数的一阶对数差分，CS 是消费服务指数的一阶对数差分，TM 是电信指数的一阶对数差分，FN 是金融指数的一阶对数差分，IT 是信息技术指数的一阶对数差分，UT 是公用事业指数的一阶对数差分。FTA 的抽样期为 1962 年 12 月至 2007 年 12 月，OI，BM，ID，CG，HL，CS，TM，FN 和 IT 均为 1986 年 1 月至 2007 年 12 月，UT 为 1987 年 1 月至 2007 年 12 月。

B 组：月度 RPI 通货膨胀

	Actual Inflation	Expected Inflation	Unexpected Inflation
mean	0.0046	0.0045	0.0001
medi	0.0038	0.0036	1.78×10^{-5}
Max	0.0422	0.0262	0.0303
Min	−0.0150	−0.0077	−0.0159
S-d	0.0062	0.0052	0.0046
Skew	1.7853	1.1556	0.6522
B-J	1575.1830	222.3049	544.1178
Obs	636	636	636

注：RPI 的抽样期为 1955 年 1 月至 2007 年 12 月。

C 组：月度股票收益

	FTA	OI	BM	ID	CG	HL	CS	TM	FN	IT	UT
mean	0.0062	0.0083	0.0071	0.0038	0.0050	0.0065	0.0044	0.0050	0.0066	0.0032	0.0090
medi	0.0099	0.0123	0.0105	0.0136	0.0078	0.0075	0.0086	0.0108	0.0103	0.0132	0.0115
Max	0.4231	0.1621	0.1496	0.1546	0.1735	0.1407	0.1295	0.1530	0.1497	0.3829	0.1468
Min	−0.309	−0.351	−0.346	−0.337	−0.413	−0.339	−0.275	−0.209	−0.315	−0.359	−0.174
S-d	0.0537	0.0580	0.0615	0.0626	0.0688	0.0477	0.0521	0.0594	0.0571	0.0947	0.0485
Skew	0.0594	−0.887	−0.9495	−1.263	−0.984	−1.312	−1.006	−0.5310	−1.028	−0.6445	−0.2117
B-J	1765.4	328.73	197.56	278.205	282.41	1113.87	182.77	20.624	203.93	97.533	7.211
Obs	635	264	264	264	264	264	264	264	264	264	252

注：FTA 是富时全股指数的一阶对数差分，OI 是油气指数的一阶对数差分，BM 是基础材料指数的一阶对数差分，ID 是工业指数的一阶对数差分，CG 是消费品指数的一阶对数差分，HL 是卫生服务指数的一阶对数差分，CS 是消费服务指数的一阶对数差分，TM 是电信指数的一阶对数差分，FN 是金融指数的一阶对数差分，IT 是信息技术指数的一阶对数差分，UT 是公用事业指数的一阶对数差分。FTA 的抽样期为 1955 年 12 月至 2007 年 12 月，OI，BM，ID，CG，HL，CS，TM，FN 和 IT 均为 1986 年 1 月至 2007 年 12 月，UT 为 1987 年 1 月至 2007 年 12 月。

7.3　通货膨胀对股票市场短期影响的实证分析

表 7-2 报告了基于公式（7.5）和公式（7.6）的结果。该表格报告了基准回报率，包括公告日后 1 天和公告日后 3 天。表 7-2 显示，在公告日，预期通货膨胀对股票收益影响很小，假设 $\gamma = 0$ 不能被拒绝，则有两个例外，公告日后 2 天以及 3 天的预期通货膨胀对总体市场产生积极影响。表 7-2 还显示，在 1962 年 12 月至 1970 年 12 月的样本期间，预期通货膨胀影响公告日前 2 天、公告日、公告日后 3 天的总体市场。然而，在 1971 年 1 月至 1982 年 12 月和 1983 年 1 月至 2007 年 12 月的子样本期间，预期通货膨胀对总体市场和所有行业的股票收益没有影响。本章的研究结果与 Pearce and Roley（1988）等的研究结果是不一致的。根据有效市场假说，预期通货膨胀不应对股票收益产生重大影响，然而，在本章的检验中发现存在很小但显著的正相关关系，这有待进一步的研究。

$$R_{t+B} = \alpha + \gamma P_t^e + \beta P_t^u + \varepsilon_t (B = -1, 0, 1) \qquad (7.5)$$

$$R_{\Delta 3t} = \alpha + \gamma P_t^e + \beta P_t^u + \varepsilon_t \qquad (7.6)$$

表 7-2　通货膨胀公告对股票收益的影响

		FTA				OI	BM	ID	CG	HL	CS	TM	FN	IT	UT
		12/1962 -12/2007	12/1962 -12/1970	1/1971 -12/1982	1/1983 -12/2007										
$R_{\Delta 3}$	γ	-0.313**	-1.721***	0.1060	-0.1830	0.2120	-0.1600	0.2540	-0.4710	-0.0520	-0.1780	0.0190	-0.4970	0.1850	-0.2510
		(0.142)	(0.469)	(0.327)	(0.232)	(0.328)	(0.359)	(0.35)	(0.362)	(0.302)	(0.292)	(0.394)	(0.34)	(0.478)	(0.335)
		[0.0278]	[0.0004]	[0.7446]	[0.4388]	[0.5190]	[0.6546]	[0.4686]	[0.1940]	[0.8627]	[0.5411]	[0.9600]	[0.1454]	[0.6991]	[0.4529]
	β	-0.205	-0.674**	0.124	-0.679**	-0.286	-1.006**	-0.804*	-1.003**	-0.560	-0.712*	-1.029*	-0.980**	-0.522	-0.866*
		(0.166)	(0.323)	(0.279)	(0.319)	(0.452)	(0.494)	(0.482)	(0.498)	(0.416)	(0.402)	(0.543)	(0.468)	(0.658)	(0.462)
		[0.2179]	[0.0395]	[0.6559]	[0.0342]	[0.5275]	[0.0429]	[0.0971]	[0.0452]	[0.1802]	[0.0780]	[0.0596]	[0.0375]	[0.4286]	[0.0619]
R_{t-1}	γ	0.044	0.479*	0.045	0.039	-0.035	-0.129	-0.133	-0.211	-0.243	-0.175	-0.243	-0.310	-0.086	-0.289
		(0.0810)	(0.262)	(0.185)	(0.14)	(0.223)	(0.186)	(0.177)	(0.194)	(0.188)	(0.16)	(0.26)	(0.208)	(0.277)	(0.185)
		[0.5809]	[0.0708]	[0.8042]	[0.7773]	[0.8724]	[0.4882]	[0.4518]	[0.2782]	[0.1992]	[0.2756]	[0.3509]	[0.1375]	[0.7555]	[0.1196]

（续上表）

		FTA				OI	BM	ID	CG	HL	CS	TM	FN	IT	UT
		12/1962 –12/2007	12/1962 –12/1970	1/1971 –12/1982	1/1983 –12/2007										
	β	0.068	0.411**	−0.020	0.138	−0.185	−0.537**	−0.368	−0.226	−0.265	−0.281	−0.506	−0.330	−0.169	−0.506**
		(0.095)	(0.18)	(0.157)	(0.189)	(0.308)	(0.257)	(0.244)	(0.267)	(0.26)	(0.221)	(0.358)	(0.286)	(0.381)	(0.255)
		[0.475]	[0.0248]	[0.8973]	[0.4644]	[0.5473]	[0.0375]	[0.1325]	[0.3976]	[0.3075]	[0.2044]	[0.1586]	[0.2501]	[0.6584]	[0.0487]
R_t	γ	−0.126	−0.855***	0.111	−0.146	0.021	−0.085	0.152	−0.106	−0.026	−0.084	−0.054	−0.269	0.012	−0.097
		(0.076)	(0.224)	(0.162)	(0.14)	(0.202)	(0.183)	(0.181)	(0.189)	(0.172)	(0.165)	(0.268)	(0.198)	(0.255)	(0.209)
		[0.1000]	[0.0003]	[0.4941]	[0.2974]	[0.9149]	[0.6425]	[0.4012]	[0.5750]	[0.8787]	[0.6091]	[0.8392]	[0.1760]	[0.9605]	[0.6426]
	β	−0.174*	−0.510***	−0.016	−0.324*	−0.003	−0.338	−0.219	−0.310	−0.320	−0.247	−0.320	−0.574**	−0.354	−0.205
		(0.089)	(0.154)	(0.138)	(0.189)	(0.279)	(0.252)	(0.25)	(0.26)	(0.236)	(0.228)	(0.369)	(0.272)	(0.351)	(0.288)
		[0.0520]	[0.0014]	[0.9028]	[0.0880]	[0.9900]	[0.1819]	[0.3820]	[0.2349]	[0.1770]	[0.2802]	[0.3876]	[0.0364]	[0.3145]	[0.4756]
R_{t+1}	γ	−0.090	−0.364	−0.087	0.153	0.226	0.053	0.235	−0.153	0.217	0.081	0.317	0.081	0.258	0.134
		(0.08)	(0.244)	(0.181)	(0.143)	(0.22)	(0.19)	(0.19)	(0.208)	(0.167)	(0.153)	(0.225)	(0.198)	(0.285)	(0.169)
		[0.2644]	[0.1386]	[0.6282]	[0.2849]	[0.3053]	[0.7777]	[0.2181]	[0.4603]	[0.1963]	[0.5947]	[0.1594]	[0.6804]	[0.3649]	[0.4281]
	β	−0.035	−0.199	0.029	−0.060	−0.097	−0.131	−0.216	−0.466	0.026	−0.183	−0.202	−0.075	0.0007	−0.154
		(0.094)	(0.168)	(0.154)	(0.193)	(0.303)	(0.262)	(0.262)	(0.286)	(0.23)	(0.211)	(0.309)	(0.273)	(0.392)	(0.234)
		[0.7101]	[0.2379]	[0.8504]	[0.7553]	[0.7494]	[0.6181]	[0.4102]	[0.1051]	[0.9091]	[0.3863]	[0.5149]	[0.7816]	[0.9984]	[0.5114]

注：标准误显示在括号中，p 值显示在方括号中。FTA 的样本期为 1962 年 12 月至 2007 年 12 月；OI，BM，ID，CG，HL，CS，TM，FN 和 IT 的样本期为 1986 年 1 月至 2007 年 12 月；UT 的样本期为 1987 年 1 月至 2007 年 12 月。*，**，*** 分别为 10%，5% 和 1% 的显著性水平。

　　表 7 - 2 还显示了在整个样本期间公告日的非预期通货膨胀和股票收益之间的负相关性：对于非预期通货膨胀的系数估计值显著为负（−0.17），这意味着，在公告日当天，非预期通货膨胀上升 1%，FTA 下跌 0.17%。在 1962 年 12 月至 1970 年 12 月及 1983 年 1 月至 2007 年 12 月的子样本期间，在公告日当天也会存在统计显著的负面影响。在这些行业中，只有 FN 对公告日的非预期通货膨胀作出了负面反应，而其余 9 个行业则没有明显反应。结果还显示，在整个样本期间，总体市场不受非预期通货膨胀的影响，而在 1962 年 12 月至 1970 年 12 月的子样本期间，股票收益显著受到非预期通货膨胀的负面影响。然而，ID，BM，CG，CS，FN，TM 和 UT 7 个行业，对非预期通货膨胀作出了显著且负面的回应。它们 3 天期的系数跨度从 TM 的 −1.0 到 CS 的 −0.71。受影响最大的部门是 BM，CG 和 TM。

　　总体市场对非预期通货膨胀的反应在三个子样本期间是不同的。预期通货膨胀在整个样本期的公告日以及在子样本期（1962 年 12 月至 1970 年 12 月和 1983 年 1 月至 2007 年 12 月）中对股票总体市场产生了负面影响。然而，在 1971 年 1 月至 1982 年 12 月的子样本期间，对总体市场影响不大。

本章主要得出以下四个结论：

第一，与有效市场假说一致，本章的检验结果提供了非预期通货膨胀对股票收益产生负面影响的证据，而预期通货膨胀和股票收益之间的关系（无论是正面还是负面）都没有被证实。RPI 的通货膨胀公告有一个显著的负面影响，与通货膨胀非预期的增长被认为是股市坏消息的观点一致，因为这导致股价下跌。本章的检验结果也与以前的研究结果一致，这表明通货膨胀公告对股市产生了负面影响。例如 Goodhart and Smith（1985）认为非预期通货膨胀对英国和其他国家（如美国）的股市产生了显著的负面影响，但与 Joyce and Read（2002）不一致，他们发现在 RPI 公告当天预期和非预期通货膨胀对股票收益没有重大影响。

第二，本章的结果还表明，行业的股票收益受到 RPI 通货膨胀公告的影响，这与 Amihud（1996）的调查结果相一致，Amihud（1996）发现通货膨胀对以色列市场行业水平指数有影响。

第三，与有效市场假说一致，股票收益只是在公告日当天，而不是在公告日之前或之后对通货膨胀信息产生回应，本章研究中的通货膨胀公告显著影响了公告日的股票收益，而不是影响公告日之前或之后的股票收益。没有证据表明官方通货膨胀公告可能在政府公布之前泄漏，也表明没有延迟效应。这与 Schwert（1981）的观点不一致，他发现美国通货膨胀信息的泄露发生在公告日前的几天。这个发现与 Goodhart and Smith（1985）的观点不一致，他们发现 RPI 通货膨胀信息在公告日后的第二天影响总体股票市场，这意味着通货膨胀公告逐渐影响股市。

第四，与以前的研究一致（Barnes，1999），在不同的通货膨胀区间，通货膨胀与股票收益之间的关系也有所不同。本章的检验结果表明，在通货膨胀高的情况下，通货膨胀公告对股票收益没有影响。本章考虑的三个子样本期间的年通货膨胀有所差异：1962 年 12 月至 1970 年 12 月为 4.10%，1971 年 1 月至 1982 年 12 月为 13.23%，1983 年 1 月至 2007 年 12 月为 3.82%。表 7-2 显示，在高通货膨胀期间（1971 年 1 月至 1982 年 12 月）的任何时候，通货膨胀信息都没有显著的系数，而在 1962 年 12 月至 1970 年 12 月和 1983 年 1 月至 2007 年 12 月的低通货膨胀期间，在公告日和公告日后的第三天，非预期通货膨胀对股票收益有显著的负面影响。因此，本章的发现与先验的期望是一致的。市场参与者在高通货膨胀期间已经有了更高的预期通货膨胀。因此，任何高于预期的通货膨胀都不会影响股票价格，因为这已是预期的。由于通货膨胀足够高，通货膨胀略低于预期对股票市场也无关紧要。

7.4 通货膨胀对股票市场长期影响的实证分析

图7-5和图7-6显示了RPI、FTA和10个行业价格指数的对数水平。没有一个时间序列看起来是平稳的，并且包含随机趋势。从这些图中，可以注意到从长期来看时间序列往往一起移动，表明可能存在长期均衡关系。

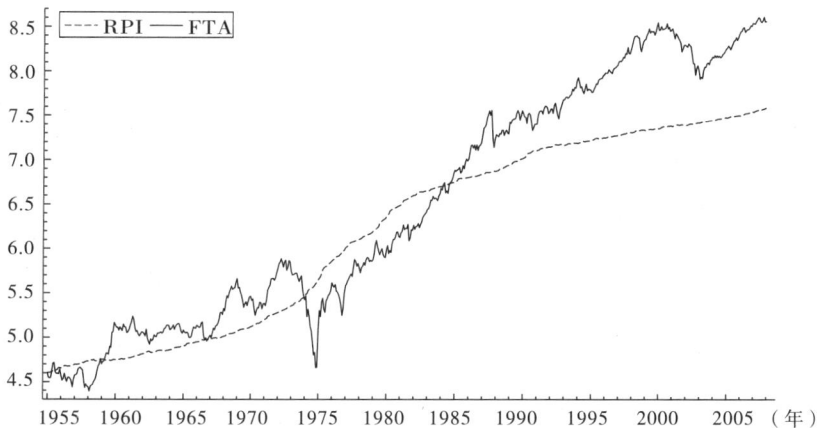

图 7-5 RPI 和 FTA

注：RPI 取对数，FTA 为 FTSE 全股指数的对数。样本期为 1955 年 1 月至 2007 年 12 月。

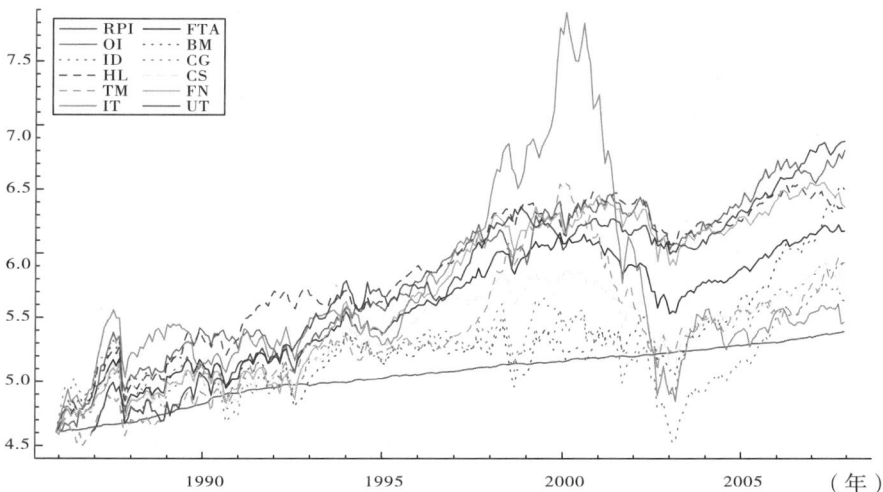

图 7-6 RPI、FTA 和行业指数

注：样本期为 1986 年 12 月至 1955 年 12 月。

　　为了检验长期的关系，如前所述，本章使用 Johansen 等（2000）的步骤。在这样做之前，先确定变量的协整性质。单位根检验在表 7 - 3 的 A 组中报告。结果基于 Dickey and Fuller（1979，ADF）检验，检验了单位根的零假设。基于 Kwiatkowski 等（1992，KPSS）检验了零假设的平稳性，结果显示除了 RPI 外，所有指标都是非平稳的，然而对于 OI 和 CG 两个行业，ADF 和 KPSS 检验都给出了略有冲突的结果。

表 7 - 3　单位根测试

A 组：ADF 和 KPSS

	Log Levels				First Differences	
	ADF	ADF	KPSS	KPSS	ADF	KPSS
RPI	−0.932 [19]	−1.615 [19]	2.946***	0.451***	−2.414 [18]	0.535***
FTA	−0.244 [5]	−2.588 [5]	2.935***	0.310***	−11.586*** [4]	0.061
OI	−1.338 [0]	−3.289* [0]	2.058***	0.153**	−17.203*** [0]	0.066
BM	0.071 [2]	−1.643 [1]	1.478***	0.287***	−14.267*** [0]	0.176
ID	−2.343 [1]	−2.761 [1]	0.804***	0.166**	−14.430*** [0]	0.066
CG	−1.282 [4]	−3.055 [4]	1.604***	0.109	−9.290*** [3]	0.046
HL	−2.435 [0]	−2.364 [1]	1.968***	0.369***	−14.916*** [0]	0.29
CS	−1.754 [2]	−2.599 [1]	1.642***	0.302***	−11.935*** [1]	0.107
TM	−1.456 [5]	−1.823 [5]	1.341***	0.258***	−6.275*** [4]	0.118
FN	−1.332 [2]	−1.886 [2]	2.01***	0.272***	−12.537*** [1]	0.124
IT	−1.846 [1]	−1.599 [1]	0.512**	0.273***	−12.206*** [0]	0.190
UT	−0.841 [1]	−2.160 [1]	1.898***	0.262***	−16.716*** [0]	0.076

　　注：RPI 和 FTA 的样本期为 1955 年 1 月至 2007 年 12 月；OI, BM, ID, CG, HL, CS, TM, FN 和 IT 的样本期为 1986 年 1 月至 2007 年 12 月；UT 的样本期为 1987 年 1 月至 2007 年 12 月。滞后期显示在方括号中；*，**，***分别为 10%，5% 和 1% 的显著性水平。表 7-4、表 7-5 和表 7-6 同。

Panel B：Ng-Perron（NP）检验

	Log Levels								First Differences			
	NPθ$_μ$ MZa	MZt	MSB	MPT	NPθ$_t$ MZa	MZt	MSB	MPT	NPθ$_μ$ MZa	MZt	MSB	MPT
RPI	0.733 [19]	0.717	0.977	63.652	−9.685 [19]	−2.144	0.221	9.665	−3.078 [18]	−1.193	0.387	7.887

		MZa	MZt	MSB	MPT
Asymptotic critical values＊：NPθ$_μ$（Log level）	1%	−13.8000	−2.58000	0.17400	1.78000
	5%	−8.10000	−1.98000	0.23300	3.17000
	10%	−5.70000	−1.62000	0.27500	4.45000
Asymptotic critical values＊：NPθ$_t$（Log level）	1%	−23.8000	−3.42000	0.14300	4.03000
	5%	−17.3000	−2.91000	0.16800	5.48000
	10%	−14.2000	−2.62000	0.18500	6.67000
Asymptotic critical values＊：NPθ$_μ$（First difference）	1%	−13.8000	−2.58000	0.17400	1.78000
	5%	−8.10000	−1.98000	0.23300	3.17000
	10%	−5.70000	−1.62000	0.27500	4.45000

注：Ng-Perron 检验基于 ARGLS 去趋势法，滞后期由改良的 Akaike 信息标准确定。

本章选择 Perron（1997）提出的对可能性结构突变的检验方法，该检验是内生识别突变点的序列单位根检验。结果展示在表 7－4 中。研究发现对于 RPI，1973 年 8 月显著存在突变点，BM 和 ID 两个行业在 2002 年 4 月出现重大结构突变，CS 行业在 2001 年 7 月有明显的结构突变，这是在统计上显著的结构突变。在 Johansen 协整模型中，将这些突变包含在虚拟变量里。此外还有两个重要事件：1975 年 1 月 FTA 的暴涨和 1987 年 10 月 FTA 的暴跌。在协整检验中，它们作为虚拟变量，具有统计学意义。

表 7 - 4 　结构突变检验

	TB	Statistic	Lags
RPI	1973：08*	- 5. 039	12
FTA	1982：07	- 3. 945	9
OI	2002：04	- 4. 467	9
BM	2002：04***	- 6. 531	1
ID	2002：04***	- 5. 932	1
CG	2001：07**	- 5. 332	3
HL	2002：03	- 4. 679	10
CS	2001：04	- 4. 718	1
TM	2001：11	- 3. 713	11
FN	1996：06	- 3. 986	0
IT	1997：10	- 3. 981	10
UT	2000：11	- 4. 257	12

注：本检验基于 Perron（1997）单位根测试。

基于选定的 VAR 滞后期（见表 7 - 5）[1]，Johansen 协整检验使用公式 (7.5) 进行。表 7 - 6 的 A 组报告了股票指数和 RPI 之间的跟踪统计数据以及协整检验的协整向量，未包含虚拟变量，存在截距。跟踪测试显示，FTSE 全股指数和 RPI 协整一致，它们之间存在长期关系。此外，系数 β 为 1.20，显著为正。4 个行业指数（OI、BM、TM、UT）和 RPI 协整，其系数 β 分别为 3.35，2.03，0.61 和 3.44，只有 TM 系数 β 不显著。因此，股票收益的零售价格弹性在协整情况下大于 1。

表 7 - 5 　LR、AIC、HQ 方法确定 VAR 滞后期

	LR： $(T-c)$	$(\log\mid\Sigma_R\mid -\log\mid\Sigma_U\mid)$	AIC： $T\log\mid\sum\mid +2N$	Hannan-Quinn （HQ）	Lags Adopted
FTA	20	$\chi^2 = 10.360^{**}$ [0.0348]	14	14	17
OI	20	$\chi^2 = 10.926^{**}$ [0.0274]	13	13	18
BM	20	$\chi^2 = 10.849^{**}$ [0.0283]	14	14	18

———————————

① 我们根据 Luitel and Paudyal（2006）的方法，计算似然比（LR）（Sims，1980）来检验多变量 Akaike 信息标准（AIC）和 Hannan - Quinn（HQ）标准以获得适当的 VAR 滞后阶数。

（续上表）

		LR： $(T-c)$ $(\log\lvert\sum_R\rvert-\log\lvert\sum_U\rvert)$	AIC： $T\log\lvert\sum\rvert+2N$	Hannan-Quinn （HQ）	Lags Adopted
ID	14	$\chi^2=15.666^{***}$ [0.0035]	14	14	14
CG	14	$\chi^2=13.908^{***}$ [0.0076]	14	13	13
HL	14	$\chi^2=10.183^{**}$ [0.0374]	14	13	14
CS	20	$\chi^2=9.862^{**}$ [0.0428]	14	14	14
TM	20	$\chi^2=9.963^{**}$ [0.0410]	14	14	18
FN	20	$\chi^2=14.309^{***}$ [0.0063]	14	13	19
IT	14	$\chi^2=10.314^{**}$ [0.0354]	14	13	13
UT	20	$\chi^2=19.304^{***}$ [0.0006]	20	13	14

表7-6 协整检验

A 组：不存在虚拟变量的检验

	$R=0$	$R\leqslant1$	Cointegrating Vectors		
			β	Constant	α
FTA	30.721^{***}	5.436	1.202^{***}	-0.305	-0.030^{***}
	[0.0009]	[0.2390]	(0.0612)	(0.4022)	(0.0066)
OI	18.837^{*}	7.1968	3.349^{***}	-11.464^{***}	-0.021
	[0.0776]	[0.1164]	(0.3883)	(2.0589)	(0.0197)
BM	25.803^{***}	11.304^{**}	2.029^{***}	-5.532^{***}	-0.002
	[0.0077]	[0.0194]	(0.3654)	(1.9201)	(0.0199)
ID	11.469	4.295	0.032	5.459^{*}	-0.027
	[0.4975]	[0.3699]	(0.6007)	(3.1615)	(0.0157)
CG	11.670	3.840	1.558^{***}	-2.757^{*}	-0.043^{**}
	[0.4788]	[0.4364]	(0.3791)	(1.9946)	(0.0247)
HL	10.322	3.902	1.230^{***}	-0.138	-0.010
	[0.6081]	[0.4269]	(0.5992)	(3.1572)	(0.0128)
CS	12.142	3.996	0.814^{**}	1.672	-0.037^{***}
	[0.4362]	[0.4128]	(0.4550)	(2.400)	(0.0161)
TM	21.007^{**}	9.094	0.612	3.038	-0.012
	[0.0394]	[0.0516]	(0.656)	(3.464)	(0.0115)

（续上表）

	$R=0$	$R\leqslant1$	Cointegrating Vectors		
			β	Constant	α
FN	18.905*	7.139	2.331***	−5.611**	−0.049***
	[0.0760]	[0.1192]	(0.4856)	(2.5782)	(0.0156)
IT	10.408	3.004	−1.552	14.974*	−0.013**
	[0.5997]	[0.5800]	(1.741)	(9.159)	(0.0079)
UT	19.223*	5.875	3.436***	−11.637***	−0.049***
	[0.0690]	[0.2006]	(0.317)	(1.658)	(0.019)

B 组：包括季节性以及结构突变虚拟变量的检验

	$R=0$	$R\leqslant1$	Cointegrating Vectors		
			β	Constant	α
FTA	32.460***	5.438	1.209***	−0.313	−0.026***
	[0.0006]	[0.2474]	(0.062)	(0.413)	(0.0059)
OI	15.677	5.077	3.719***	−13.677***	−0.007
	[0.1900]	[0.2751]	(0.599)	(3.175)	(0.0123)
BM	20.141*	5.703	1.726***	−3.957***	−0.026
	[0.0519]	[0.2150]	(0.328)	(1.722)	(0.0209)
ID	12.361	2.683	0.107	6.107***	−0.037***
	[0.4170]	[0.6415]	(0.498)	(2.626)	(0.0153)
CG	8.267	1.960	1.791***	−4.349	−0.036***
	[0.8020]	[0.7856]	(0.695)	(3.653)	(0.0140)
HL	11.027	3.102	1.364***	−0.632	−0.025***
	[0.5395]	[0.5619]	(0.448)	(2.361)	(0.0136)
CS	12.699	2.938	0.439	3.6411	−0.033***
	[0.3883]	[0.5924]	(0.476)	(2.514)	(0.0131)
TM	18.437*	6.537	0.768*	2.119	−0.019
	[0.0874]	[0.1531]	(0.605)	(3.199)	(0.0122)
FN	18.379*	5.462	0.920	2.160**	−0.025***
	[0.0889]	[0.2365]	(0.824)	(4.376)	(0.0082)

（续上表）

	$R=0$	$R\leqslant 1$	Cointegrating Vectors		
			β	Constant	α
IT	11.337	2.609	−1.715	15.607*	−0.018***
	[0.5100]	[0.6559]	(1.563)	(8.223)	(0.0090)
UT	18.737*	5.397	3.428***	−11.593***	−0.050***
	[0.0799]	[0.2427]	(0.317)	(1.656)	(0.0192)

本章的研究结果与预期一致。预期系数 β 大于1，因此与增税假说一致，表明长期的通货膨胀协整 β 应大于1以补偿股东纳税。本章的发现与 Luintel and Paudyal（2006）的研究结果基本一致，他们表明大多数协整 β 为正且大于1。

本章还通过公式（7.6）、适应结构突变和季节性来检验 Johansen 协整框架中通货膨胀与股票收益之间的长期协整关系。由于 RPI 在以前的 ARIMA 估计中显示出明显的季节性，按照 Johansen（1995）的研究，在协整中使用季节性虚拟变量，这将使平均值不变，从而不会影响趋势。表7-4中显示了 Perron（1997）检测到的结构突变和两个重要的经济事件：将1975年1月和1987年10月作为虚拟变量引入协整过程。表7-6的B组报告了估计模型季节性虚拟变量和结构突变虚拟变量的结果。跟踪检验显示，FTSE 全股指数和 RPI 均为协整，系数 β 为1.21，显著为正。4个行业指数（BM、TM、FN 和 UT）和 RPI 也是协整的，其系数 β 分别为1.73、0.77、0.92和3.43，只有 FN 的系数 β 不显著。因此，股票收益的大部分零售价格弹性大于1。

因此，本章的研究结果表明，股票收益与 RPI 之间存在长期关系，零售价格弹性的估计显著且大于1。然而，发现控制季节性和结构突变并不一定会产生更多的协整问题。因此与 Luintel and Paudyal（2006）的结论不一致，他们表明在控制季节性和结构突变之后，更多的行业会与 RPI 协整。

7.5　小结

本章探讨了在短期和长期的英国市场和10个行业中，通货膨胀与股票收益之间的关系，并说明了通货膨胀公告对股票的预告效应和延迟效应。本章得出的结果与以前大多数的研究一致（Boudoukh，1994），这表明通货膨胀与股票收益之间的关系具有基准敏感性。本章发现，非预期通货膨胀公告会对股票收益产生负面影响，而预期通货膨胀公告影响甚微。在短期研究中，本章发现预期通货膨胀与股票收益之间存在正相关关系，而非预期通货膨胀与股票收益之间存在负相关关系。在长期协整分析中，显示了为正且大于 1 的长期关系。因此，本章的研究结果与其他研究一致，表明在公告研究中，通货膨胀与股票收益之间的关系为负相关，在短期研究中可能是正面的也可能是负面的，在长期或长期协整中是正面的。因此，在长期内英国股市可以对冲通货膨胀，但在短期内未能对冲通货膨胀。

此外，与以前的研究一致，在不同的通货膨胀经济体或区间中，通货膨胀和股票收益的关系会有所不同。在公告研究中，本章发现高通货膨胀经济体，通货膨胀信息对股票收益没有影响，而在低通货膨胀经济体中有负面影响。同样，在短期研究中，高通货膨胀经济体的预期通货膨胀与总股票收益之间的关系为正，而低通货膨胀经济体的非预期通货膨胀与总股票收益之间的关系强烈为负。所以，本章的研究结果表明，在不同的通货膨胀经济体中，通货膨胀与股票收益之间的关系有所不同。因此，股东是否可以避免通货膨胀风险也取决于通货膨胀经济体。

研究结果还显示，只有非预期通货膨胀公告对英国股市产生负面影响，而预期通货膨胀公告影响不大。非预期通货膨胀会迅速影响股市，这一影响仅发生在公告日当天。因此，没有证据说明有预告或延迟效应。

本章展示了通货膨胀和股票收益之间的不确定关系，可能是正面的、负面的或微不足道的。1975 年 1 月和 1987 年 10 月这两个重要事件显著影响股票收益，但通货膨胀与股票收益之间的关系不受短期研究中这两个事件的影响。在添加这两个虚拟变量之后，重要的观察值或系数的符号不会改变。同样，在长期协整分析中，这两个事件以及其他结构突变和季节性不影响股票收益与 RPI 之间的长期关系。零售价格弹性的估计值显著大于 1。在长期协整检验中，控制季节性和结构突变后，结果也并未得到改善。

总而言之，本章的研究结果表明，英国普通股是否能对冲通货膨胀，不仅取决于持股期，而且还取决于不同的通货膨胀经济体。股东可以在短期内改变持有期以应对通货膨胀风险，因为短期内股票无法对抗通货膨胀，而从长远来看，股票提供了一个良好的对冲。然而，不同的通货膨胀经济体或不同的通货膨胀区间也影响通货膨胀与股票收益之间的关系，所以投资者还需要考虑他们处于哪一个通货膨胀状况中。

第 8 章

英格兰银行应对金融危机的对策

8.1 宏观审慎监管

在金融危机爆发之前，通过《金融市场与服务法案》，英国建立了英格兰银行、金融服务管理局、财政部"三方体制"来共同维护金融稳定。这种三方体制存在较大的弊端：一是不能有效地识别金融系统中的风险；二是不能在危机到来之前制定有效的政策措施去降低风险；三是在金融危机爆发前期不能采取有效措施进行应对。

针对 2008 年金融危机暴露出的各种风险，英国政府开始着手对国内的金融体系进行改革。2009 年 2 月，为强化英格兰银行在维护金融稳定工作中的主导地位，明确其职责范围，英国颁布了《2009 年银行法》。该法案的施行进一步深化了英格兰银行对金融系统的管理权限，并授予英格兰银行新的政策工具用以维护金融稳定，如让英格兰银行负责管理整个支付系统，在紧急情况下，可以向危机银行提供流动性支持等权力。提出设立新的金融稳定委员会（FSC），是该法案的另一个要点，该委员会将具备与原货币政策委员会等同的地位，但主要负责对系统性金融风险的监控与处置。与货币政策委员会一致，金融稳定委员会主要由英格兰银行领导，从英格兰银行内部选任委员会成员。其中，委员会主席由英格兰银行行长兼任，再另外选出 2 名副行长和 4 名非执行理事组成团队。

英国于 2010 年 6 月提出了新的金融监管改革方案。该方案要求彻底改革现有的"三足鼎立"的监管体系（英格兰银行、金融服务管理局、财政部），分解金融服务管理局的职能，由英格兰银行接任其金融监管职能，进一步加强了英格兰银行的宏观审慎监管职能。通过本次改革，英格兰银行在金融监管体系内的地位得到了提升，成为兼具宏观审慎监管和微观审慎监管权责的"监管核心"。此次改革之后，金融监管获得的信息有助于英格兰银行更好地行使中央银行的职权，如货币政策和最后贷款人职责等，同时金融监管效率也可以有效提升，有效规避了当金融危机爆发时因监管职责不清和监管漏洞而导致金融危机蔓延的现象。

8.2 量化宽松政策

受美国金融危机的影响，英国在美国之后推出了英国版的量化宽松政策。英国的量化宽松政策基本上继承了美国的量化宽松政策，并在其基础上进行了部分改良。由于英国金融危机并未直接发生在英国国内，英国也未出现大规模的银行危机，因此在英国推出的量化宽松政策并没有包括对金融机构的紧急救助。

英格兰银行制定的量化宽松政策可以分成两个阶段。2008 年 9 月到 2010 年 2 月为第一阶段，这一阶段的主要内容是购买标的和缓慢扩大规模。主要由短期债券扩大到 3 ~ 5 年期债券，由百亿级体量扩大到千亿级体量，不断加强政策力度。而第二阶段从 2011 年 6 月开始，进一步扩大了购买范围，以及持续提高购买规模，操作对象则加入了商业票据、公司债等私人部门资产，对市场冲击巨大。英国量化宽松政策的具体内容如表 8 - 1 所示。

表 8 - 1　英国量化宽松政策的实施过程及主要内容

推出时间	主要内容
2009 年 3 月	英国中央银行除宣布 750 亿英镑的经济刺激计划外，同年 5 月宣布再增加 1250 亿英镑，从而将总的经济刺激计划额度提高到 2000 亿英镑，且英国中央银行的 2000 亿英镑资产购买计划中绝大部分购买了英国国债
2011 年 10 月	英国中央银行宣布了新一轮量化宽松政策，向市场注入 750 亿英镑，并保持 0.5% 的利率水平不变
2012 年 2 月	英国中央银行向市场增加 500 亿英镑的货币供应，同年 3 月又再次重申利率将继续保持在 0.5% 的历史最低水平
2012 年 7 月	英国中央银行宣布扩大资产购买计划，将购买规模从 500 亿英镑扩大到 3750 亿英镑，同时重申了 0.5% 的超低利率水平将继续维持 英国中央银行引进 "融资—贷款计划"，改进了已经执行三年之久的量化宽松政策，要求从 2012 年 8 月起的 18 个月内，在增加贷款规模的前提下，英国银行能够以非常低的利率获得长期资金融通便利

8.2.1 对通货膨胀的影响

对于量化宽松政策第一阶段的效果，不少研究认为量化宽松政策通过资产价格渠道对通货膨胀水平产生了显著影响。Kapetanios 等 （2012） 借助于

VAR 模型对英格兰银行的资产购买行为对通货膨胀的影响进行检验，认为量化宽松政策对 CPI 的年涨幅的最大影响值为 1.25%。通过文献分析中的最大估计值来看，在 2009 年 3 月到 2010 年 1 月期间通过量化宽松政策发行的 2000 亿英镑较大概率可以将 CPI 的年涨幅推高 0.75%~1.5%，但针对量化宽松货币第二轮政策的影响，意见各不相同，大多数的观点认为：第二轮政策的效果没有第一阶段明显，但是仍然比没有推行第二轮要好。

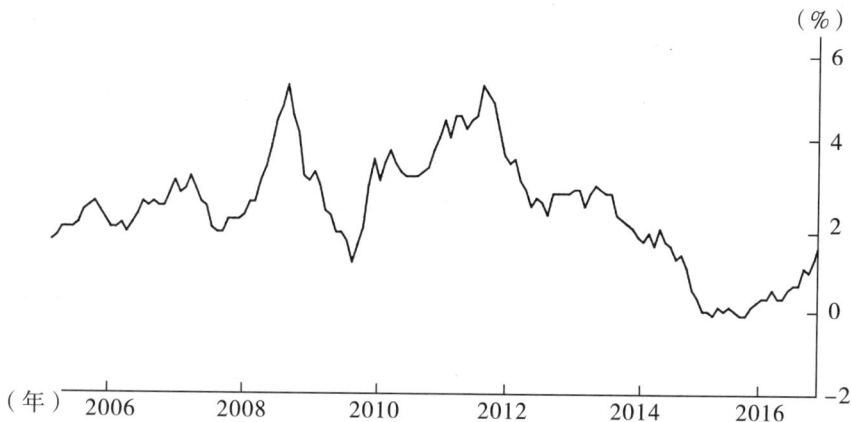

图 8-1 2005—2016 年英国通货膨胀率

数据来源：https：//zh.tradingeconomics.com/united - kingdom/inflation - cpi.

8.2.2 对股票市场的影响

在强大的货币政策刺激之下，英国股票市场显示出改善迹象。英国 FTSE 100 股票市场指数于 2009 年触底后，开始强势反弹，如图 8-2 所示。

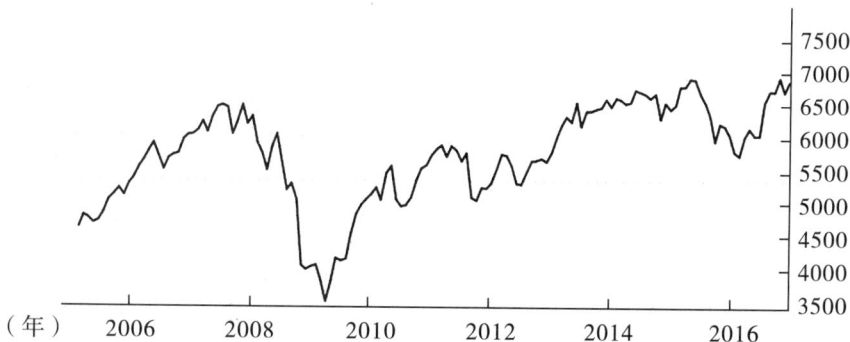

图 8-2 2005—2016 年英国 FTSE 100 股票市场指数

数据来源：https：//zh.tradingeconomics.com/united - kingdom/stock - market.

8.3 资产负债管理政策

8.3.1 革新货币政策工具

自从金融危机爆发以来，英格兰银行积极施行非常规货币政策，同时革新政策工具来帮助恢复经济，资产负债表的结构在这一时期也发生了较大的改变，具体体现为贷款与金融机构存款比例显著上升。这主要是因为英格兰银行通过公开市场操作投放流动性。截至 2016 年 2 月，英格兰银行已累计购买国债 3750 亿英镑。不难看出，在此次危机中，英格兰银行完成了由被动管理资产负债表到主动管理的转变。在零利率位于有效边界下方时，英格兰银行以资产负债表管理为工具，灵活地实现了货币政策目标。

8.3.2 健全危机救助机制

金融危机发生后，英国政府与英格兰银行共同建立了保障性操作机制，保证由财政部承担全部风险，而英格兰银行只负责进行日常操作，并上缴所有收益。在实行保障性操作机制期间，英格兰银行分别于 2011 年和 2012 年向财政部上缴特别流动性计划收益 22.62 亿英镑与公开市场操作所获利息 350 亿英镑。除此之外，英格兰银行所有权益的留存项目在 2008—2011 年四年间持续获得政府的保障性补偿，金额分别为 6.64 亿、8.27 亿、2.02 亿和 6.6 亿英镑。由政府为非常规货币政策兜底，主要是为了减轻英格兰银行资产负债表所受到的不利影响，并保护其稳定性。由此可见，危机救助机制的健全，为英格兰银行控制风险敞口提供了合理的途径，保证了英格兰银行能够独立、稳健、高效地行使中央银行职能。

8.3.3 完善风险管理机制

为消除和缓解金融危机带来的负面影响，英格兰银行加大了量化宽松货币政策的使用力度。比较典型的例子有扩大资产购买规模、抵押品规模等，在此过程中，英格兰银行持有资产的种类和期限也逐渐多样化。过去的经验和各类研究已经证明，以牺牲自身资产质量为代价的救助金融系统最终将破坏央行的政策独立性和经营持续性。因此，在提供流动性的实际操作过程中，英格兰银行对所购买债券的发行者资质和抵押品质量一直有严格的遴选标准，主要将国债作为量化宽松购买的主要资产，基本不涉及低质量公司债券，进而在保证资产质量不下降的同时，有效规避了各类潜在风险。

8.3.4　合理运用会计策略

在实施量化宽松政策过程中，英格兰银行运用会计策略的一个典型例子，就是设立资产购买基金有限公司为其全资子公司，并通过发放贷款形式提供资金，支持该公司购买国债。由于保障性机制的存在，政府必须为该公司购买国债的损失和收益负责，即根据会计重要性原则，英格兰银行的报表无须囊括该公司的财务情况。由此可见，子公司的成立和会计策略的运用，有效地帮助英格兰银行避免了非常规货币政策对其财务报表的不利影响，确保了资产负债的质量，优化了财务会计报表。

参考文献

[1] ADAMS G, MCQUEEN G, WOOD R. The effects of inflation news on high frequency stock returns [J]. Journal of business, 2004 (77): pp. 547 – 574.

[2] ADRANGI B, CHATRATH A, RAFFIEE K. Inflation, output, and stock prices: evidence from two major emerging markets [J]. Journal of economics and finance, 1999, 23 (3): pp. 266 – 278.

[3] AHMED S, CARDINALE M. Does inflation matter for equity returns [J]. Journal of asset management, 2005, 6 (4): pp. 259 – 273.

[4] AMIHUD Y. Unexpected inflation and stock returns revisited-evidence from Israel [J]. Journal of money, credit, and banking, 1996, 28 (1): pp. 22 – 33.

[5] ANARI A, KOLARI J. Stock prices and inflation [J]. The Journal of financial research, 2001, 26 (4): pp. 587 – 602.

[6] ARTIS M J. The UK economy [M]. 14th edition. New York: Oxford University Press, 1996: pp. 13 – 16.

[7] BACH G L, STEPHENSON J B. Inflation and the redistribution of wealth [J]. The review of economics and statistics, 1974 (16): pp. 1 – 13.

[8] BAKSHI G S, CHEN Z. Inflation, asset prices, and the term structure of interest rates in monetary economics [J]. The review of financial studies, 1996, 9 (1): pp. 241 – 275.

[9] BALDUZZI P. Stock returns, inflation, and the "proxy hypothesis": a new look at the data [J]. Economics letters, 1995, 48 (1): pp. 47 – 53.

[10] BARNES M, BOYD J H, SMITH B D. Theories of money, credit and aggregate economic activity, inflation and asset returns [J]. European economic review, 1999 (43): pp. 737 – 754.

[11] BERKMAN N G. On the significance of weekly changes in M1 [J]. New England economic review, 1978 (3/4): pp. 5 – 22.

[12] BERNANKE B S, KUTTNER K N. What explains the stock markets

reaction to federal reserve policy? [J]. The journal of finance, 2005, 60 (3):
pp. 1221 – 1257.

[13] BERNARD V L. Unanticipated inflation and the value of the firm [J].
Journal of financial economics, 1986, 15 (3): pp. 285 – 321.

[14] BLACK F. Business cycle and equilibrium [M]. Cambridge, Mass:
Basil Blackwell, 1987.

[15] BODIE Z. Common stock as a hedge against inflation [J]. The journal
of finance, 1976, 31 (2): pp. 459 – 470.

[16] BOLLERSLEVT, WOOLDRIDGE J. Quasi-maximum likelihood estimation
and inference in dynamic models with time-varying covariances [J]. Econometric
reviews, 1992 (11): pp. 143 – 172.

[17] BOMFIM A N. Pre-announcement effects, news effects, and volatility:
monetary policy and the stock market [J]. Journal of banking and finance, 2003,
27: pp. 133 – 151.

[18] BOUDOUKH J, RICHARDSON M. Stock returns and inflation: a long-
horizon perspective [J]. The American economic review, 1993, 83 (5): pp. 1346 –
1355.

[19] BOUDOUKH J, RICHARDSON M, WHITELAW R F. Industry returns
and the fisher effect [J]. The journal of finance, 1994 (49): pp. 1595 – 1615.

[20] BRADFORD W D. Inflation and the value of the firm: monetary and
depreciation effects [J]. Southern economic journal, 1974: pp. 414 – 427.

[21] BREDIN D, GAVIN C, O'REILLY G. US monetary policy announcements
and Irish stock market volatility [J]. Applied financial economics, 2005, 15 (17):
pp. 1243 – 1250.

[22] BREDIN D, HYDE S, NITZSCHE D, et al. UK stock returns and the
impact of domestic monetary policy shocks [J]. Journal of business finance and
accounting, 2007, 34 (5): pp. 872 – 888.

[23] BROOK M, COOPER N, SCHOLTES C. Information market money
supply expectations from money market rates [J]. Bank of England quarterly
review, 2000 (11): pp. 392 – 402.

[24] BUCKLE M, THOMPSON J. The UK financial system: theory and
practice [M]. Manchester: Manchester University Press, 2004.

[25] BURROWS O, WETHERILT A V. Have markets reacted differently to
macroeconomic announcements since 1997? An empirical analysis of UK intraday
trades and prices [R]. Bank of England working paper, 2004.

[26] CAMPBELL J Y, CHAMPBELL J J, CAMPBELL J W, et al. The econometrics of financial markets [M]. Princeton: Princeton University Press, 1997: p. 41.

[27] CAPORALE T, JUNG C. Inflation and real stock prices [J]. Applied financial economics, 1997, 7 (3): pp. 265 - 266.

[28] CHANG X, MOWAT D N, SPIERS G A. Carcass characteristics and tissue-mineral contents of steers fed supplemental chromium [J]. Canadian journal of animal science, 1992, 72 (3): pp. 663 - 669.

[29] CHANG M J. Monetary policy and asymmetric volatility in stock returns: evidence from Taiwan [R]. SSRN working paper, 2008.

[30] CHANG R P, LORD B M, RHEE S G. Inflation-caused wealth-transfer: a case of the insurance industry [J]. Journal of risk and insurance, 1985: pp. 627 - 643.

[31] CHOUDHRY T. Inflation and rates of returns on stocks: evidence from high inflation countries [J]. Journal of international financial markets, institutions and money, 2001, 11: pp. 75 - 96.

[32] CHULIA-SOLER H, MARTENS M, VAN DIJK D. The effects of federal funds target rate changes on S&P 100 stock returns, volatilities, and correlations [R]. Erasmus research institute of management erasmus university working paper, 2007.

[33] CHUNG H, LAFORTE J P, REIFSCHNEIDER D, et al. Estimating the macroeconomic effects of the fed's asset purchases [R]. FRBSF economic letter, 2011.

[34] CLARE A, R COURTENAY. Assessing the impact of macroeconomic news announcements on securities prices under different monetary policy regimes [R]. Bank of England working paper, 2001.

[35] COCHRAN S J, DEFINA R H. Inflation's negative effects on real stock prices: new evidence and a test of the proxy effect hypothesis [J]. Applied economics, 1993, 25 (2): pp. 263 - 274.

[36] COHN R A, LESSARD D R. The effect of inflation on stock prices: international evidence [J]. The journal of finance, 1981, 36 (2): pp. 277 - 289.

[37] CORNELL B. The monetary supply announcements puzzle: review and interpretation [J]. American economic review, 1983, 73: pp. 644 - 657.

[38] CROWDER W J, WOHAR M E. Are tax effects important in the long-run fisher relationship? Evidence from the municipal bond market [J]. The journal of finance, 1999, 54 (1): pp. 307 - 317.

［39］CUTLER D M, POTERBA J M, SUMMERS L H. What moves stock prices? ［J］. Journal of portfolio management, 1989, 15 (3), pp. 4 – 12.

［40］DANTHINE J P, DONALDSON J. Inflation and asset prices in an exchange economy ［J］. Econometrics, 1986, 54: pp. 585 – 606.

［41］FAMA E F. Stock returns, real activity, inflation and money ［J］. American economic review, 1981, 71: pp. 545 – 565.

［42］DARBY M R. The financial and tax effects of monetary policy on interest rates ［J］. Economic inquiry, 1975, 13 (2): pp. 266 – 276.

［43］DE ALESSI L. Does business firms gain from inflation reprise? ［J］. The journal of business, 1975, 48 (2): pp. 264 – 266.

［44］DICKEY D A, FULLER W A. Distributions of the estimators for autoregressive time series with a unit root ［J］. Journal of the American statistical association, 1979, 74: pp. 427 – 431.

［45］DILLéN H, SELLIN P. Financial bubbles and monetary policy ［J］. Sveriges Riksbank economic review, 2003: pp. 119 – 144.

［46］DOKKO Y. Are changes in inflation expectations capitalized into stock prices? A micro-firm test for the nominal contracting hypothesis ［J］. The review of economics and statistics, 1989: pp. 309 – 317.

［47］DOMIAN D L, GILSTER J E, LOUTON D A. Expected inflation, interest rates, and stock returns ［J］. Financial review, 1996, 31 (4): pp. 809 – 830.

［48］EHRMANN M, FRATZSCHER M. Taking stock: monetary policy transmission to equity markets ［J］. Journal of money, credit, and banking, 2004, 36 (4): pp. 719 – 737.

［49］ELY D P, ROBINSON K. Are stocks a hedge against inflation? International evidence using a long-run approach ［J］. Journal of international money and finance, 1997, (16): pp. 141 – 167.

［50］ENGSTED T, TANGGAARD C. The relation between asset returns and inflation at short and long horizons ［J］. Journal of International financial markets, institutions and money, 2002, 12 (2): pp. 101 – 118.

［51］EVANS M D D, LEWIS K K. Do expected shifts in inflation affect estimates of the long-run fisher relation? ［J］. The Journal of finance, 1995, 50 (1): pp. 225 – 253.

［52］FAMA E F. Short-term interest rates as predictors of inflation ［J］. The American economic review, 1975: pp. 269 – 282.

［53］FAMA E F, SCHWERT G W. Asset returns and inflation ［J］. Journal of financial economics, 1977, 5: pp. 115 – 146.

[54] FAMA E F. Stock returns, real activity, inflation, and money [J]. American economy review, 1981 (71): pp. 545 – 565.

[55] FELDSTEIN M. Inflation, tax rules and the stock market [J]. Journal of monetary economics, 1980, 6 (3): pp. 309 – 331.

[56] FISCHER B, LENZA M, REICHLIN L. Monetary analysis and monetary policy in the euro area 1999—2006 [J]. Journal of international money and finance, 2009, 28: pp. 1138 – 1164.

[57] FISHER I. The theory of interest [M]. New York: The Macmillan Company, 1930.

[58] FLANNERY M J, PROTOPAPADAKIS A A. Macroeconomic factors do influence aggregate stock returns [J]. Review of financial studies, 2002, 15: pp. 751 – 782.

[59] GOODHART C A E, SMITH R G. The impact of news on financial markets in the United Kingdom [J]. Journal of money, credit, and banking, 1985, 17 (4): pp. 507 – 511.

[60] FRENCH K R, RUBACK R S, SCHWERT G W. Effects of nominal contracting on stock returns [J]. Journal of political economy, 1983, 91 (1): pp. 70 – 96.

[61] GALLAGHER L A, TAYLOR M P. The stock return-inflation puzzle revisited [J]. Economics letters, 2002, 75 (2): pp. 147 – 156.

[62] PENNACCHI G G. Identifying the dynamics of real interest rates and inflation: evidence using survey data [J]. Review of financial studies, 1991, 4: pp. 53 – 86.

[63] GESKE R, ROLL R. The fiscal and monetary linkage between stock returns and inflation [J]. The journal of finance, 1983, 38 (1): pp. 1 – 33.

[64] GONEDES N J. Evidence on the "tax effects" of inflation under historical cost accounting methods [J]. Journal of business, 1981: pp. 227 – 270.

[65] GOODHART C A E, SMITH R G. The impact of news on financial markets in the United Kingdom: note [J]. Journal of money, credit and banking, 1985: pp. 507 – 511.

[66] GRAHAM F C. Inflation, real stock returns, and monetary policy [J]. Applied financial economics, 1996, 6 (1): pp. 29 – 35.

[67] GRAHAM M, NIKKINEN J, SAHLSTROM P. Relative importance of scheduled macroeconomic news for stock market investors [J]. Journal of economics

and finance, 2003, 27 (2): pp. 153 – 165.

[68] GRANVILLE B, MALLICK S. Fisher hypothesis: UK evidence over a century [J]. Applied economics letters, 2004, 11 (2): pp. 87 – 90.

[69] GREGORIOU A, KONTONIKAS A, MACDONALD R, et al. Monetary Policy shocks and stock returns: evidence from the British market [R]. Working paper of Glasgow University, 2006.

[70] GUENDER A V. The timeless perspective vs . discretion: theory and monetary policy implications for an open economy [J]. Journal of International money and finance, 2011, 30: pp. 1638 – 1658.

[71] GULTEKIN N B. Stock market returns and inflation: evidence from other countries [J]. The journal of finance, 1983, 38 (1): pp. 49 – 65.

[72] GUO H. Stock prices, firm size, and changes in the federal funds rate target [J]. The quarterly review of economics and finance, 2004, 44: pp. 487 – 507.

[73] HAFER R W. The response of stock prices to changes in weekly money and the discount rate [R]. Federal Bank of St. Louis Review, 1986: pp 5 – 14.

[74] HARDOUVELIS G A. Macroeconomic information and stock prices [J]. Journal of economics and business, 1987, 39 (2): pp. 131 – 140.

[75] HARRIS R, SOLLIS R. Applied time series modelling and forecasting [M]. Chichester: Johan Wiley & Sons Inc , 2003.

[76] HASBROUCK J. The impact of inflation upon corporate taxation [J]. National tax journal, 1983, 36 (1): pp. 65 – 81.

[77] HESS P J, LEE B – S. Stock returns and inflation with supply and demand disturbances [J]. The review of financial studies, 1999, 12 (5): pp. 1203 – 1218.

[78] HONG H. Inflation and the market value of the firm: theory and tests [J]. The journal of finance, 1977, 32 (4): pp. 1031 – 1048.

[79] JAFFE J F, MANDELKER G. The "Fisher effect" for risky assets: an empirical investigation [J]. The journal of finance, 1976, 31 (2): pp. 447 – 458.

[80] JAIN P C. Response of hourly stock prices and trading volume to economic news [J]. Journal of business, 1988 (61): pp. 219 – 231.

[81] JAMES C, KOREISHA S, PARTCH M. A VARMA analysis of the causal relations among stock returns, real output, and nominal interest rates [J]. The journal of finance, 1985, 40 (5): pp. 1375 – 1384.

[82] JENSEN G R, JOHNSON R R. An examination of stock price reactions to discount rate changes under alternative monetary policy regimes [J]. Quarterly journal of business economics, 1993, 32: pp. 26 – 51.

[83] JENSEN G R, JOHNSON R R. Discount rate changes and security returns in the U. S. 1962 – 1991 [J]. Journal of banking and finance, 1995, 19: pp. 79 – 95.

[84] JENSEN G R, JOHNSON R R. Federal reserve monetary policy and industry stock returns [J]. Journal of business finance and accounting, 1997, 24 (5): pp. 629 – 644.

[85] JOHANSEN S. Determination of cointegration rank in the presence of a linear trend [J]. Oxford bulletin of economics and statistics, 1992, 54: pp. 383 – 397.

[86] JOHANSEN S. A statistical analysis of cointegration for I (2) variables [J]. Econometric theory, 1995, 11: pp. 25 – 59.

[87] JOHANSEN S, MOSCONI R, NIELSEN B. Cointegration analysis in the presence of structural breaks in the deterministic trend [J]. Econometrics journal, 2000, 3: pp. 216 – 249.

[88] JONES C M, LAMONT O, LUMSDAINE R L. Macroeconomic news and bond market volatility [J]. Journal of financial economics, 1998, 47: pp. 315 – 337.

[89] JOVANOVIC B, UEDA M. Stock-returns and inflation in a principal-agent economy [J]. Journal of economic theory, 1998, 82 (1): pp. 223 – 247.

[90] JOYCE M, TONG M, WOODS R. The United Kingdom´s quantitative easing policy: design, operation and impact [R]. Bank of England quarterly bulletin, 2011.

[91] JOYCE M A S, READ V. Asset price reactions to RPI announcements [J]. Applied financial economics, 2002, 12: pp. 253 – 270.

[92] GUPTA K L, MOAZZAMI B. Interest rate and budget deficit: a study of the advanced economies [M]. London: Routledge, 1996.

[93] KAPETANIOS G, MUMTAZ H, STEVENS I, et al. Assessing the economy-wide effects of quantitative easing [J]. The economic journal, 2012, 122 (564): pp. F316 – F347.

[94] KAUL G. Stock returns and inflation: the role of the monetary sector [J]. Journal of financial economics, 1987, 18: pp. 253 – 276.

[95] KAUL G. Monetary regimes and the relation between stock returns and inflationary expectations [J]. Journal of financial and quantitative analysis, 1990,

25 (3): pp. 307 – 321.

[96] KESSEL R A. Inflation-caused wealth redistribution: a test of a hypothesis [J]. The American economic review, 1956, 46 (1): pp. 128 – 141.

[97] KESSEL R A, ALCHIAN A A. Effects of inflation [J]. Journal of political economy, 1962, 70 (6): pp. 521 – 537.

[98] KIM D H. The role of money in the monetary policy rule [J]. Journal of economic theory and econometrics, 2010, 21 (3).

[99] Kim J R. The stock return-inflation puzzle and the asymmetric causality in stock returns, inflation and real activity [J]. Economics Letters, 2003, 80 (2): pp. 155 – 160.

[100] KIM S, IN F. The relationship between stock returns and inflation: new evidence from wavelet analysis [J]. Journal of empirical finance, 2005, 12 (3): pp. 435 – 444.

[101] KOTHARI S P, WARNER J B. The econometrics of event studies (October 20, 2004) [R]. Available at SSRN 608601, 2004.

[102] KRISHNAMURTHY A, VISSING-JORGENSEN A. The effects of quantitative easing on interest rates: channels and implications for policy [J]. National bureau of economic research, 2011, 42 (2): pp. 266 – 287.

[103] KWIATKOWSKI D P, PHILLIPS P S, SHIN Y. Testing the null hypothesis of stationarity against the alternative of a unit root [J]. Journal of econometrics, 1992, 54: pp. 159 – 178.

[104] LEE B S. Causal relations among stock returns, interest rates, real activity, and inflation [J]. The journal of finance, 1992, 47 (4): pp. 1591 – 1603.

[105] LIM G C, MCNELIS P D. Learning and the monetary policy strategy of the European central bank [J]. Journal of international money and finance, 2004, 23: pp. 997 – 1010.

[106] LINTNER J. Inflation and security returns [J]. The journal of finance, 1975, 30 (2): pp. 259 – 280.

[107] LIU Y A; HSUEH L P, CLAYTON R J. A re-examination of the proxy hypothesis [J]. The journal of financial research, 1993, 16 (3): pp. 261 – 268.

[108] LOBON B J. Asymmetric effects of money supply changes on stock prices [J]. The financial review, 2000, 35: pp. 125 – 144.

[109] LUINTEL K B, PAUDYAL K. Are common stocks a hedge against inflation? [J]. Journal of financial research, 2006, 29 (1): pp. 1 – 19.

[110] LYNGE JR, MORGAN J. Money supply announcements and stock

prices [J]. The journal of portfolio management, 1981: pp. 8 – 43.

[111] MACDONALD R, TORRANCE T S. £ M3 surprises and asset prices [J]. Economics, 1987: pp. 505 – 515.

[112] MACKINNON J. Long-run economic relationships [M]. Oxford: Oxford University Press, 1991.

[113] MADSEN J B, The share market boom and the recent disinflation in the OECD countries: the tax-effects, the inflation-illusion and the risk-aversion hypotheses reconsidered [J]. The quarterly review of economics and finance, 2002, 42 (1): pp. 115 – 141.

[114] MADSEN J B. The Fisher hypothesis and the inflation and supply shocks interaction between share returns [J]. Journal of international money and finance, 2005, 24: pp. 103 – 120.

[115] MADURA J. Effect of federal reserve policies on bank equity returns [J]. The journal of financial research, 2000, 23 (4): pp. 421 – 447.

[116] MALKIEL B G. The capital formation problem in the United States [J]. Journal of finance, 1979, 34: pp. 291 – 306.

[117] MARK CARNEY. Written answers to the UK house of commons treasury committee questionnaire [M]. London: Bank of England, 2013.

[118] MARSHALL D A. Inflation and asset returns in a monetary economy [J]. The journal of finance, 1992, 47 (4): pp. 1315 – 1342.

[119] MARTIN A, MONNET C, WEBER W E. Costly banknote issuance and interest rates under the US national banking system [R]. Federal reserve bank of Minneapolis, 2000.

[120] MCQUEEN G, ROLEY V V. Stock prices, news, and business conditions [J]. Review of financial studies, 1993, 6 (3): pp. 683 – 707.

[121] MISHKIN F S. The economics of money, banking and financial markets [M]. 8th Edition. Pearson: Boston, 2007.

[122] MODIGLIANI F, COHN R A. Inflation, rational valuation and the market [J]. Financial analysis journal, 1979, 35 (2): pp. 24 – 44.

[123] NELSON C R. Inflation and rates of return on common stocks [J]. The journal of finance, 1976, 31 (2): pp. 471 – 483.

[124] NELSON D. Conditional heteroskedasticity in asset returns: a new approach [J]. Econometrica, 1991, 59: pp. 347 – 370.

[125] SERENA NG, PERRON P. Lag length selection and the construction of unit root test with good size and power [J]. Econometrica, 2001, 69 (6):

pp. 1519 - 1554.

[126] O'DONGHUE J, GOULDING L, ALLEN G. Consumer price inflation since 1750 [EB/OL]. Office of national statistics, http: //www. ons. gov. uk, 2004.

[127] OSAMAH M. Stock prices, inflation, and output: evidences from emerging market [J]. Journal of emerging market finance, 2003, 2: pp. 287 - 314.

[128] PARK K, RATTI R A. Real stock returns, inflation, real activity, and monetary policy [J]. Financial review, 2000, 35: pp. 59 - 78.

[129] PEARCE D K, ROLEY V V. Firm characteristics, unanticipated inflation, and stock returns [J]. The journal of finance, 1988, 43 (4): pp. 965 - 981.

[130] PEARCE D K, ROLEY V V. Stock prices and economic news [J]. Journal of business, 1985, 58: pp. 49 - 67.

[131] PEARCE D K, ROLEY V V. The reaction of stock prices to unanticipated changes in money: a note [J]. The journal of finance, 1983, 38 (4): pp. 1323 - 1333.

[132] PEEL D A, POPE P F. Testing the Fisherian hypothesis: some methodological issues and further evidence of the UK [J]. Journal of business finance and accounting, 1985, 12 (2): pp. 297 - 311.

[133] PEEL D A, POPE P F. Stock returns and expected inflation in the UK: some new evidence [J]. Journal of business finance and accounting, 1988, 15 (4): pp. 459 - 467.

[134] PERRON P. Further evidence on breaking trend functions in macroeconomic variables [J]. Journal of econometrics, 1997, 80 (2): pp. 355 - 385.

[135] PILOTTE E A. Capital gains, dividend yields, and expected inflation [J]. Journal of finance, 2003, 48 (1): pp. 447 - 466.

[136] PINDYCK R S. Risk, inflation, and the stock market [J]. American economic review, 1984, 74: pp. 335 - 351.

[137] POTERBA J M, SUMMERS L H. Dividend taxes, corporate investment, and "Q" [J]. Journal of public economics, 1983, 22 (2): pp. 135 - 167.

[138] RANGEL J G. Stock market volatility and price discovery: three essays on the effect of macroeconomic information [D]. La Jolla: UC San Diego, 2006.

[139] RANGLE J G. News, announcements, and stock market volatility dynamics [EB/OL]. http: //ssrn. com/abstract = 939625, 2004.

[140] RITTER J R, WARR R S. The decline of inflation and the bull market

of 1982 – 1999 [J]. Journal of financial and quantitative analysis, 2002, 37 (1):
pp. 29 – 61.

[141] ROZEFF M S. The association between firm risk and wealth transfers
due to inflation [J]. Journal of financial and quantitative analysis, 1977, 12 (2):
pp. 151 – 163.

[142] RYAN G. Irish stock returns and inflation: a long span perspective
[J]. Applied financial economics, 2006, 16 (9): pp. 699 – 706.

[143] SCHOTMAN P C, SCHWEITZER M. Horizon sensitivity of the inflation
hedge of stocks [J]. Journal of empirical finance, 2000, 7 (3 – 4): pp.
301 – 315.

[144] SCHWERT G W. The adjustment of stock prices to information about
inflation [J]. The journal of finance, 1981, 36: pp. 15 – 29.

[145] SELLIN P. Monetary policy and stock market: theory and empirical
evidence [J]. Journal of economic surveys, 2001, 15 (4): pp. 491 – 541.

[146] SERWA D. Do emerging financial markets react to monetary policy
announcements? Evidence from Poland [J]. Applied financial economics, 2006,
16: pp. 513 – 523.

[147] SHAWKY H A, MARATHE A. Expected stock returns and volatility in
a two – regime market [J]. Journal of economics and business, 1995, 47 (5),
pp: 409 – 421.

[148] SHILLER R J. Rational expectations and the dynamic structure of
macroeconomic models: a critical review [J]. Journal of monetary economics,
1978, 4 (1): pp: 1 – 44.

[149] SIMS C. Macroeconomics and reality [J]. Econometrics, 1980, 48:
pp. 1 – 49.

[150] SMIRLOCK M, YAWITZ J. Asset returns, discount rate changes, and
market efficiency [J]. Journal of finance, 1985, 40: pp. 1141 – 1158.

[151] SOLNIK B. The relation between stock prices and inflationary
expectations: the international evidence [J]. Journal of finance, 1983, 38 (1):
pp. 35 – 48.

[152] STULZ R M. Asset pricing and expected inflation [J]. Journal of
finance, 1986, 41: pp. 209 – 223.

[153] SUMMERS L H. The nonadjustment of nominal interest rates: a study
of the Fisher effect [R]. NBER working paper, 1982.

[154] SUMMERS L H. Inflation, the stock market, and owner-occupied

housing [J]. American economic review proceedings, 1981, 71: pp. 429.

[155] SUMMERS L H. Inflation and the valuation of corporate equities [R]. National bureau of economic research, 1981.

[156] TARHAN V. Unanticipated interest rates, bank stock returns and the nominal contracting hypothesis [J]. Journal of banking & finance, 1987, 11 (1): pp. 99 – 115.

[157] TARHAN V. Does the federal reserve affect asset prices? [J]. Journal of economic dynamics and control, 1995, 19: pp. 1199 – 1222.

[158] THORBECKE W, ALAMI T. The effect of changes in the federal funds rate target on stock prices in the 1970s [J]. Journal of economics and business, 1994, 46: pp. 13 – 19.

[159] THORBECKE W. On stock market returns and monetary policy [J]. Journal of finance, 1997, 52 (2): pp. 635 – 654.

[160] WAUD R N. Public interpretation of federal reserve discount rate changes: evidence on the "announcement effect" [J]. Econometrics, 1970, 38 (2): pp. 231 – 250.

[161] WEI K C J, WONG K M. Tests of inflation and industry portfolio stock returns [J]. Journal of economics and business, 1992, 44 (1): pp. 77 – 94.

[162] WONG K F, WU H J. Testing Fisher hypothesis in long horizons for G7 and eight Asian countries [J]. Applied economics letters, 2003, 10 (14): pp. 917 – 923.

[163] WONGSWAN J. Transmission of information across international equity markets [J]. Review of financial studies, 2006, 19 (4): pp. 1157 – 1189.

后　记

　　本书得到国家自然科学基金青年基金"商业银行效率的宏微观机理研究：基于制度环境和影子银行约束视角"（71803066）项目的资助，同时得到蒋海教授、刘金山教授、田存志教授和张方方副教授的大力支持和帮助，在此一并致谢。

　　课题组成员陈英楠副教授、陈硕博士以及蔡小熊、李芸菲、龙标敏、姚粤欣、黎俊秀、赵钰琳、李燕珊等硕士研究生为本书的出版做了大量工作，在此向他们表示衷心的感谢。

　　由于精力和能力有限，本书的错误和不足在所难免，其责任由本人承担，并恳请读者和同仁批评指正。

李丽芳

2021 年 12 月